U0114115

蓝狮子·大师思想 ❹

世事洞明

读懂《资治通鉴》里的处世韬略

姜鹏 著

红旗出版社

图书在版编目（CIP）数据

世事洞明：读懂《资治通鉴》里的处世韬略 / 姜鹏
著 . -- 北京：红旗出版社，2024.5
ISBN 978-7-5051-5406-3

Ⅰ . ①世… Ⅱ . ①姜… Ⅲ . ①《资治通鉴》—通俗读
物 Ⅳ . ① K204.3-49

中国国家版本馆 CIP 数据核字（2024）第 047242 号

书　　名　世事洞明：读懂《资治通鉴》里的处世韬略
著　　者　姜　鹏

| 责任编辑 | 杨　迪 | 责任印务 | 金　硕 |

责任编辑　杨　迪　　　　　　　　责任印务　金　硕
责任校对　吴琴峰　　　　　　　　装帧设计　叶怡涵
出版发行　红旗出版社
地　　址　北京市沙滩北街2号　　　邮政编码　100727
　　　　　杭州市体育场路178号　　邮政编码　310039
编 辑 部　0571-85310467　　　　　发 行 部　0571-85311330
E - mail　359489398@qq.com
法律顾问　北京盈科(杭州)律师事务所　钱 航 董 晓
图文排版　浙江新华图文制作有限公司
印　　刷　杭州钱江彩色印务有限公司
开　　本　880 毫米 ×1230 毫米　　1/32
字　　数　176 千字　　　　　　　印　　张　8.5
版　　次　2024 年 5 月第 1 版　　　印　　次　2024 年 5 月第 1 次印刷
ISBN 978-7-5051-5406-3　　　　　定　　价　59.00 元

目 录
CONTENTS

汉宣帝让权：避免冲突 / 036

第二卷 君臣自省：何以立身

修身齐家：保持低调 / 048

上善伐谋：不战而屈人 / 059

第三卷　把握规律：何以待人

第四卷　竞合策略：从实践中获得启示

第一卷

权臣在侧：对抗性困境

二十七天皇帝：空降领导，戒急用忍

意外得来的皇位

汉代历史上有一位非常有意思的皇帝，因为在位仅二十七天就被废了，所以没有正式的帝号。他之前在昌邑国（今山东境内）做诸侯王，史书上一般都称他为"昌邑王"。这位昌邑王应该算是中国历史上在位时间最短的皇帝之一了。他为什么在位仅二十七天就被废？说来话长，得先从昌邑王为什么能继位说起。

汉武帝临终前托孤于四位大臣，其中霍光权势最大，辅佐汉昭帝执政，但汉昭帝不寿，年仅二十三岁就去世了，没有留下子嗣。霍光和大臣们必须商议、推选皇位继承人，几番讨论后，最终选择了昌邑王。昌邑王名叫刘贺，那一年他十八岁。从身份上讲，他的父亲刘髆是汉武帝的第五个儿子，因此他是汉武帝的亲孙子，也是汉昭帝的侄子，从身份、辈分的角度考虑，选择昌邑王继承皇位当然是合适的。既然霍光和大臣们选择了他，又为什么短短二十七天就把他废了？其中当然大有文章。废皇帝是大事，何况是一个新立才二十七天的皇帝。霍光必须充分说服大家，让大家相信之前的选择是错误的，昌邑王根本不适合当皇帝。故事就从史书如何描绘昌邑王的为人开始。

《资治通鉴》卷二十四糅合了相关史料，介绍了从昌邑王被立直至被废的过程。对于昌邑王的为人，《资治通鉴》一上来就说："在国素狂纵，动作无节。"说他在昌邑国做诸侯王时，一向狂妄、放纵，行为举止没有节制。这是史学家常用的以先入之见引导大家的方法。你还根本不知道这是怎样一个人，史书先给出一个负面评价，让你脑子里对这个人物没有好印象。接下来《资治通鉴》举了个具体例子来说明昌邑王的荒诞、放纵。首先是说这个人贪玩，喜欢游猎。曾有一次他到一个县里游玩，大概是因为乘骑的马比较好，便撒开缰绳让马狂奔，不到半天时间跑了两百里路。古代的马，一般情况下每天跑两百至三百里已经不错了，刘贺骑的马肯定比一般马强，但小半天就跑两百里，也够这马受的。更重要的是安全问题，这么疾驰的马，人要是一不小心从马上摔下来，后果大概不会比今天的严重车祸轻。从这件事上就可以看出来，年轻的刘贺不仅贪玩，而且喜欢追求刺激。这类情况不止一次两次，而是时有发生，刘贺非常享受这种生活。

刘贺手下一些年长的官员，把这些情况看在眼里，心里挺着急。作为小王爷老这样下去不行啊，他得好好学习，逐渐成长为一名合格的诸侯王，哪能这么玩下去呢？更何况，这种玩法缺乏基本的安全保障，万一出个差错，他们也担待不起。所以就有官员不停地给他提意见，劝他别再这么胡闹下去了，得改改性子。《资治通鉴》选录了两位官员的劝谏词，其中一位叫王吉。王吉批评刘贺太喜欢骑马奔驰了，在王吉看来，刘贺骑马奔驰的频繁度，已经到了"口倦虖叱咤，手苦于箠辔"的地步了。整天骑马狂奔，光吆喝这马，嘴皮子都磨出茧了；两只手不停地挥舞马鞭、控制缰绳，不会得肩周炎吗？大夏天烈日暴晒，他要骑马狂奔；大冬天寒风凛冽，他还是要骑马狂奔，倒算得上风雨无阻，持之以恒。但这样不仅对身体很不好，更关键的是，这不是王爷该做的正经事啊！那王爷该做的正经事是什么呢？王吉说："明师居前，劝诵在后，上论唐虞之际，下及殷周之盛，考仁圣之风，习治国之道，诉诉焉发愤忘食，日新厥德……"总而言之一句话，得好好学习，以仁者、圣人为榜样，学习治国的道理。

除了王吉之外，还有一位叫龚遂的，也经常给刘贺提意见。龚遂的个性比王吉更直接，多次当面数落刘贺，批评他贪玩不爱学习。而且龚遂还是个感情非常丰富的人，对刘贺苦口婆心地教育，经常说着说着自己就哭了起来，对刘贺的不学好痛心疾首。龚遂劝刘贺，不要总和身边那些只会哄他玩的人待在一起，得跟爱学习、学习好的人在一起。

那么刘贺是如何对待这些意见的？仔细阅读史书，我们会发现，刘贺对待王吉、龚遂两人所提意见的态度，是非常有意思的，从中我们也能琢磨出一些刘贺的性格特征。听到王吉的意见之后，刘贺专门下了道命令，做了番自我检讨："寡人造行不能无惰，中尉甚忠，数辅吾过。"汉代的诸侯王，都可以自称为寡人，不像后世，寡人成了皇帝的专称。刘贺说："检点自己的行为，的确有懒于学习的毛病，中尉（王吉的官职）是个非常忠心的人，多次直言规谏，纠正我的错误。"认完错之后，刘贺还命人给王吉送去五百斤牛肉、五石酒、五束干肉，作为直言规谏、忠心辅导的奖赏。大家看他这态度，是要改过自新了吧？不，认错归认错，行为上来了个外甥打灯笼——照旧（舅）！史书上称他："其后复放纵自若。"以前怎样，以后还是照样来。

　　那对于龚遂的意见呢？一开始刘贺还真听了，专门找了十个品行端正的人陪伴在身边。但只过了短短的几天，刘贺就受不了了，在他看来整天跟这些人在一起，除了学习，这也不能干那也不能干，好玩的都不能玩，那多没劲。于是又把这十个人给赶走了。综观刘贺对待意见的态度，我们可以用八个字来概括：勇于认错，坚决不改。这就是我们的主人公昌邑王刘贺。

昌邑王其人

　　通过这样一番了解，大家觉得昌邑王这个人怎样？是不是就能说他是个坏人？我觉得倒不能这么看。那个年代娇生惯养、性格桀骜，比昌邑王坏得多的小王爷多得是。昌邑王的确有顽劣习气，但还算不上是坏人。我们可以举个反例来比较。汉代前期有个小王爷叫刘戊，同样年少顽劣，同样面对年长提意见的人，大家看看刘戊和刘贺有多大区别。

刘戊的祖父名叫刘交，相当有来历，从血缘上说，是开国皇帝刘邦最小的弟弟；从学脉上说，是战国末年大儒荀子的再传弟子。刘邦登基后，刘交被封为楚王。当年和刘交一起学习儒家经典的同窗好友们都纷纷来投靠，在他门下做幕僚，其中有几位也是造诣相当了得的儒家学者。刘交一直把他们当作最好的朋友和最值得信赖的人，所以在临终前，把自己的子孙托付给他们，希望他们好好辅导。直到刘交的孙子刘戊继承了楚王的爵位后，有两位当年的老学者还在幕府中。这位刘戊不像他祖父那样温文尔雅，有点淫虐残暴倾向。后来因为和中央政府闹矛盾，在汉景帝时代他参与了吴王刘濞发起的"七国之乱"。在刘戊正式起兵叛乱之前，他祖父的两位同窗好友申公和白生前去劝阻他。大家看刘戊是如何对待这两位老人的："戊胥靡之，衣之赭衣，使雅舂于市。"不仅没有采纳他们的意见，还对他们施以刑罚。所谓"胥靡之"，就是让他们做服劳役的刑徒，"胥靡"的本意是指用锁链把囚徒绑在一起；"赭衣"是那个时代囚犯穿的衣服；"雅舂"，简单讲是让他们用杵臼舂米或捣其他物品，是刑役的具体内容。刘戊把这两位老人家，他祖父的同学，用锁链绑在一起，让他们穿上囚服去服刑劳役。别说两位长者劝阻他谋反的意见是正确的，即便是不一定正确的意见，刘戊用这么无礼的方式羞辱长者，也是极端错误的。后来刘戊兵败身死，正是咎由自取。

比起刘戊，刘贺对待持不同意见的下属，态度要温和、宽厚多了。王吉提批评意见，刘贺不仅没利用权势打击报复，反而赏赐五百斤牛肉，这在当时是很丰厚的赏赐了。每当龚遂当面数落他的时候，刘贺也只不过掩着耳朵逃走，说一句："郎中令善愧人！"郎中令是龚遂的官职，刘贺说龚遂最喜欢当面让他下不来台，但也从来没拿龚遂怎么样。所以和刘戊相比，刘贺不能算坏人。

那么我们该如何认识这位勇于认错、坚决不改的昌邑王刘贺呢？其实有孩子的读者可以想想自己的孩子，也就能理解刘贺是个怎样的人了。现在很多家长都为孩子耽玩游戏、懒于学习而感到头疼，少不了批评教育乃至于责罚。也有不少家长喜欢让孩子在犯错误之后写检讨，但检讨归检讨，明天该怎么玩还怎么玩，这样的孩子是多数。但贪玩、不爱学习不能跟"坏"画等号。在家长眼里，再怎么贪玩、不听教训的孩子，也不能算是坏人，多数孩子骨子里是善良的。像刘戊那么不善良的毕竟是少数。再看刘贺，也是十几岁的少年人，有着爱玩的天性。更何况刘贺自幼失怙，虚龄五岁时父亲就去世了，从小缺乏严格管教。又是个小王爷，很少有人能硬管着他，于是把骄纵贪玩的毛病发展得比较极端。从遗传的角度看，刘贺的爷爷汉武帝年轻时候也是游猎无度，缺少约束，刘贺与他有些相似。我们应当客观看待刘贺的性格，不能因为他后来成了废帝，一上来就给他戴顶"坏人"的帽子。

王吉的忠告

霍光和大臣们商量定之后，朝廷的征书就到了昌邑国，要昌邑王刘贺进京主持汉昭帝的葬礼，这也就意味着要让刘贺继承皇位。征书送到昌邑国的时候，正是黎明前一刻，天最黑的时候。刘贺毫不耽搁，让人点起火，把征书拆开阅读。明白朝廷的意思之后，他马上整理行装，当天中午就准备妥当，开始出发，两个时辰之内，已经从昌邑走到定陶县了。不到半天工夫跑了一百三十五里地，比他自个儿骑马狂奔的速度慢不了多少，以至于"侍从者马死相望于道"。侍从们的马肯定不如刘贺的马好，哪能这么一刻不停地跑，但侍从们又必须想方设法跟上刘贺，所以这一路上不知累死多少匹马。从中又可以看出，刘贺是个急性子。当然，往好的方面讲，可以说是行动力很强。

说刘贺是个急性子，不仅仅体现在赶路上，更关键的是他对待朝廷征书的态度问题。继承皇位是非常重大、非常严肃的事。皇位不仅意味着权力，也意味着责任。朝廷突然把这么沉的一副担子交给你，那是极其严峻的挑战啊！所以对于一个有责任意识的人来说，接到朝廷的征书之后应该先掂量掂量，前前后后谨慎思考一番。而且古人讲究礼节，哪怕只是升个官，朝廷下个新的任命状，一般都要推辞老半天，对自己的能力表示谦逊。更何况是突然间被授予皇位？结果这位刘贺，一拿到朝廷的信就拆开看，一看完就走。固然有"说走就走"的洒脱，但也有几分少年人不够沉稳、虑事不周的轻率，他连最起码的谦让都没向朝廷表示。

王吉的确忠心耿耿，把刘贺的轻率躁进看在眼里，怕他这性格到了长安之后惹出祸端。在陪同他进京的路上，就给他提了一番建议："大将军仁爱、勇智、忠信之德，天下莫不闻。事孝武皇帝二十余年，未尝有过。先帝弃群臣，属以天下，寄幼孤焉。大将军抱持幼君襁褓之中，布政施教，海内晏然，虽周公、伊尹无以加也。今帝崩无嗣，大将军惟思可以奉宗庙者，攀援而立大王，其仁厚岂有量哉！臣愿大王事之、敬之，政事壹听之，大王垂拱南面而已。"这么长的一段话里，王吉只讲了一个主题：大将军，也就是霍光。王吉用了很多非常好的词汇来形容霍光，但更为关键的是点出霍光在当时长安政局中的权威地位。他告诉刘贺一个事实，自从汉武帝去世以后，政权几乎就掌握在霍光手里。刘贺作为朝廷的新主，到达长安后，应该如何面对霍光这个人的确是一个非常棘手的问题。从刚才这段话中，我们可以看出王吉建议刘贺做到两点。第一，对霍光要感恩。因为立刘贺为帝的决议，是在霍光的主持下做出的，霍光对刘贺有功、有恩。第二，霍光执掌中央政权十余年，根基很深，而且执政效果也不错，在百姓和官员当中都有口碑。刘贺新入驻长安，肯定两眼一抹黑，在这种情况下，王吉希望刘贺在各类大小事务上充分尊重霍光的意见，把政务交由霍光继续处理就可以了，不要另生事端。

照王吉这么说，刘贺还能做些什么呢？王吉说："今大王以丧事征，宜日夜哭泣悲哀而已，慎毋有所发。"就一件事：哭。奔国丧，因先帝去世而号哭，肯定不会有错。其他的就什么都别干了。王吉的建议看上去让刘贺很窝囊，好不容易天上掉馅饼，轮到他做皇帝了，凡事还得听霍光的。若细细想来，这建议其实代表着一种成熟与稳重的政治智慧。刘贺虽然马上要成为皇帝，但对于长安政坛来说，纯属外来户，而且是没有任何根基的新人。长安政坛水深水浅根本没摸透，霍光这个人到底多大能耐、什么脾气，也没摸透，如果按刘贺平时这么冒失的性格，动不动就要追求速度和刺激，恐怕真会惹出麻烦。

王吉在路上的这番劝告非常重要，可以说是深刻认识到了长安政坛的复杂性和刘贺此去所面临的挑战，未雨绸缪，提前告诫。可惜，刘贺到了长安之后并没有按照王吉的告诫行事，急性冒进，这才有了后面的故事。

刘贺的举措

刘贺到长安以后，经过一定的仪式，被立为皇帝。此后，刘贺不仅没有遵从王吉的告诫，"慎毋有所发"，反而有很多举措，造成了长安政坛气氛的紧张。《资治通鉴》描述刘贺即位之后的行为，第一句话是这么说的："昌邑王既立，淫戏无度。昌邑官属皆征至长安，往往超擢拜官。相安乐迁长乐卫尉。"一上来还是扣帽子，跟开头介绍刘贺为人的笔法一样，说他"淫戏无度"，还是给读者一个笼统的负面印象，但这句话是虚的，真正要害在下面两句话。第二句话，是说刘贺把自己昌邑国的属下，全都征调到中央政府，而且往往破格提拔，升他们的官。这说明刘贺没有听从王吉的告诫，而开始在人事上有所作为。

第三句话最值得深入分析，这句话是举了个刘贺安插自己人的具体例证。汉朝的诸侯国和中央政府一样，也有系统的官员编制，中央政府有丞相，诸侯国也有相。之前刘贺在昌邑国的相，名字叫安乐，这个人被刘贺安排为"长乐卫尉"。这里的"长乐"指的是长乐宫，是太后居住的宫殿，而卫尉是负责警卫，掌管宫内屯卫兵的长官。"长乐卫尉"也就是负责太后宫殿起居安全的长官。

这件事值得分析。当时的太后是汉昭帝的遗孀，刘贺让自己的人负责长乐宫的警卫工作，有什么深意？大家要明白，霍光的权势再厉害，他在名分上也是大臣。刘贺即位成为皇帝之后，当时的长安政坛，在身份上名正言顺地高他一头的人是皇太后。比皇帝更厉害的只有皇太后了，不是吗？从这个角度来看，要说刘贺是一个只会贪玩、毫不懂政治的年轻人，恐怕也不是。他能准确地找出问题的关键，在明白了皇太后是唯一一个能在身份上压得住他的人之后，他把皇太后宫殿警卫工作抓到自己的手上来了。

但如果刘贺认为这样就能掌控长安政局了，那也未免太幼稚了。霍光还没有出场，真正的故事还没有开始。俗话说"一朝天子一朝臣"，新皇帝即位以后重用自己信任的人，也是常事。但昌邑王和一般由太子登基的新皇帝大不相同，他是长安政坛的外来户，在朝中毫无根基。频繁、超越常规的人事调动，很容易触犯旧官僚集团的利益，引起人心和政局的不稳定。刘贺过于积极的行为举止，也显然违背了王吉让他一切行动听霍光指挥的忠告。那么，霍光对刘贺的这些举动有什么看法？故事又将朝着哪个方向发展？

霍光夺权：新旧权威对抗

官僚群体的反应

　　昌邑王刘贺刚登基不久，就进行积极的人事调动，批量提拔自己的老下属，这件事在官僚群中引起了激烈的反应。《资治通鉴》这段讲述非常有技巧性，前后交代了三个人的反应，三人之间层层递进。

　　第一个出场的是昌邑王阵营内部的人物，也就是我们上一讲提到过的龚遂。这个人以耿直著称，时常给刘贺提意见。这次正好碰上刘贺做了个莫名其妙的梦，梦见好多苍蝇屎。龚遂趁此机会对刘贺说："陛下左侧谗人众多，如是青蝇恶矣。宜进先帝大臣子孙，亲近以为左右。"龚遂说苍蝇屎代表小人，这个梦象征着刘贺身边小人太多。小人是谁？毫无疑问，龚遂指的就是那些受刘贺提拔的昌邑旧属。龚遂的立场和上一讲提到过的王吉一样，主张和以霍光为首的长安政坛中的元老大臣们共处共事，反对刘贺撇开元老大臣的行动。所以龚遂就把聚集在刘贺周边的这批昌邑旧臣指斥为干冒求进的小人，认为正是他们破坏了长安政坛的和谐。龚遂认为不把这些人从长安政坛当中驱逐出去的话，恐怕会惹来很大的麻烦。因为龚遂自己也属于昌邑旧部，所以他愿意牺牲自己，要求刘贺拿他开刀，从驱逐他开始。另一方面，龚遂希望刘贺起用长安政坛中的老人，以及旧家子弟。但这番忠言刘贺没有听。

在龚遂之后，《资治通鉴》笔锋一转，转到了对立阵营，以太仆丞（掌管马政的副官）张敞的发言为代表，来反映长安旧官僚体系对刘贺所作所为的看法。张敞给刘贺上了一道奏章，其中说道："孝昭皇帝蚤崩无嗣，大臣忧惧，选贤圣承宗庙，东迎之日，唯恐属车之行迟。今天子以盛年初即位，天下莫不拭目倾耳，观化听风。国辅大臣未褒，而昌邑小辇先迁，此过之大者也。"张敞这段话的核心是两个问题，首先，还是敲打、提醒刘贺：他的皇位是怎么来的？是长安政坛中的这些元老大臣拥立他得来的。其次，张敞指出，刘贺即位之后首先想到的居然不是褒奖那些拥立他的国辅大臣，而是提拔他在昌邑国时候的小跟班们，"此过之大者也"，这是刘贺最大的过错。

张敞的话又非常值得分析。上一讲曾告诉大家，史书在塑造刘贺这个人物个性的时候，始终强调他的动作无节、荒淫无度。但张敞的话里头提到淫戏无度了吗？一个字也没有，而是单刀直入，批评刘贺的人事政策，点明以刘贺为首的昌邑集团和长安旧官僚之间存在深刻矛盾。这种现象其实也正是刘贺入京途中王吉所担心发生的。张敞这番话，和王吉在路上对刘贺的劝诫形成呼应作用。这就容易让我们怀疑，刘贺之所以被废，关键原因不是淫戏无度，而是人事斗争。史书一再强调刘贺这个人动作无节、荒淫无度，未必全是诬陷之词，但恐怕也有很大水分。这种强调是为了给读者留下一个更糟糕的昌邑王形象，以证明这个人被废是合理的。而矛盾的真正核心，是一般政治斗争都不太愿意放在台面上讲的人事斗争。

张敞之后，《资治通鉴》终于写到了另一位主角霍光。霍光一出场，表情就两个字——"忧懑"，满脸不高兴。他询问了心腹田延年，该怎么办。田延年说："大将军你才是国家的栋梁啊，如果觉得这个人（指刘贺）不适合在皇位上，那就禀报太后，废了他另外再立一个。"大家注意，田延年这里提到了太后。上一讲我们就分析过，实际政权虽然掌握在霍光手里，但霍光名分上毕竟是臣，从礼法角度可以压刘贺一头的唯有皇太后。所以如果要废帝，操盘手固然是霍光，但必须事先征得太后的同意，借助太后的权威予以废黜。这位皇太后不只是汉昭帝的遗孀，她本姓上官，而她的母亲姓霍，是霍光的长女。所以这位皇太后是霍光的外孙女。虽然已经贵为皇太后，但她才十九岁，和刘贺一般大。

霍光打算听从田延年的建议，开始和自己的心腹们秘密谋划废黜刘贺。正戏这才开场。

霍光出击

霍光和二三心腹商量定之后，派田延年去找丞相杨敞。霍光虽然以大将军身份辅政，但名义上的百官领袖还是丞相，所以废皇帝这么大的事要先和丞相沟通好。杨敞一听说要废皇帝，吓得汗流浃背，一句话都说不出来。这种反应可以理解，大臣废皇帝，自古哪有这样的事？弄不好不仅要被杀头，而且是要被灭族的！田延年看杨敞这个反应，起身出去了会儿，大概是想让他独处以便好好思考。就在这时候，杨敞的夫人从后面厢房里出来了，刚才田延年讲的话她全听见了。她对杨敞说："你想明白这到底是怎么回事了吗？废皇帝是天大的事，大将军派人来跟你说，你以为是来找你商量的吗？错了，分明是大将军早就安排妥当，来给你下通知，要你配合的。你如果不配合，大将军第一个要杀的就是你。为什么？你知道得太多了！"杨夫人把话说完，田延年也回来了，问杨敞考虑得怎么样。杨敞还是一句话都说不出来，杨夫人就代他回答道："谨奉大将军教令。"意思是我们家老头子唯大将军马首是瞻。大家看这位夫人多厉害。其实厉害是有原因的，这位杨夫人正是中国纪传体史书开山鼻祖司马迁的女儿。

搞定了杨敞，在刘贺正式继位之后的第二十八天，霍光召所有在京重要官员到平时议政的大殿上集会。霍光劈头就问："昌邑王行昏乱，恐危社稷，如何？"群臣的反应，和杨敞第一次听到这话的反应一样，全都愣住了。大殿之上，大臣公开指斥皇帝昏乱，并宣称皇帝的行为已经威胁到了社稷安危，这是想干什么？这时候田延年又出来了，他"离席按剑"——这个动作很经典，他是佩着剑上殿议事的。接着田延年冲着霍光说了一番话："先帝属将军以幼孤，寄将军以天下，以将军忠贤，能安刘氏也。今群下鼎沸，社稷将倾……如汉家绝祀，将军虽死，何面目见先帝于地下乎？"言下之意，霍光受汉武帝顾托之恩，这种时刻理应挺身而出承担责任，该怎么办就怎么办，不应畏惧名分，顾忌舆论，瞻前顾后，畏畏缩缩。这话看上去是在指责霍光，其实是在告诉所有的人，霍光有权力也有责任对不合适的皇帝人选进行调整。

田延年接下去这句话更厉害："今日之议，不得旋踵，群臣后应者，臣请剑斩之！"今天议不出个结果，谁都不许回去，谁敢不配合，我要当场诛杀！大家一听田延年这话，明白了，这是唱双簧的，早就设计好了找大家来画圈的。这压根不是商议，谁要不依附他们，当场脑袋搬家，那谁还敢反对？于是大伙赶紧给霍光叩头，说道："万姓之命，在于将军，唯大将军令！"大将军说话吧，我们都答应！大伙都唯恐答应晚了，毕竟田延年说"群臣后应者剑斩之"嘛。霍光权势煊赫也由此可见一斑。

刘贺被废

一切安排停当，霍光把皇太后请出来，要走废黜皇帝的程序。当时刘贺在干吗呢？刘贺刚向皇太后请完安，正在回自己宫里的路上。皇太后这边，刘贺一走，霍光的人就来了，把她请到前面群臣议事的大殿上去了。

刘贺往自己宫里走的时候，后面跟着一批自己的亲信，全都是从昌邑国带来的属下。此时早就有几名小太监把好了宫门，等刘贺的车马一进入，立即关闭宫门，把他所有亲信全都挡在外面。这时候刘贺还不知道接下来会发生什么。直到有人来跟他说，皇太后要召见他，刘贺才意识到可能要坏事。刚刚去朝见过太后，怎么这会儿又要召见他？刘贺被带到皇太后跟前时，发现皇太后已经换上了隆重的盛装，数百名武士手持明晃晃的兵刃，在殿下排列整齐。大臣们鱼贯而入，依次上殿，整个排场肃穆、盛大。刘贺被要求伏前听诏。

所有人到位之后，霍光指定一位官员来宣读群臣联名向皇太后弹劾刘贺的奏章。奏章的主要内容在于揭露昌邑王荒淫腐败的生活，给昌邑王定下总的罪名是大不孝。荒淫腐败和不孝之间有什么关系？因为汉昭帝刚去世不久，昌邑王作为继嗣皇帝，应该规规矩矩给汉昭帝守孝服丧，在此期间任何不恰当行为都是对守丧规矩的破坏，也就是不孝。霍光他们在奏章当中举了一个极端的例子，说刘贺在服丧期间居然和汉昭帝遗留下来的一个宫人发生淫乱关系。服丧期间乱搞男女关系本来已经很不对了，何况对象是侍奉过先帝的后宫女性。这种事情不被揭露出来的，大概多得是，一旦被揭露出来必然骇人听闻。刘贺也知道这是严重错误，所以警告那些生活在他身边的人，谁要是敢把这事泄露出去，腰斩。这件事固然证明刘贺这个人自我控制能力比较差，行径荒唐，但我们还应该看到问题的另一面，这么私密的内宫生活，刘贺对身边人这么严厉地恫吓警告，这件事还是非常及时地让霍光知道，并写进弹劾奏章里了，这说明什么？说明在刘贺认为最私密的空间里，霍光的眼线也无处不在。

在入京的路上，王吉就曾警告刘贺，霍光树大根深，长安政坛水深水浅根本不知道，这种情况下要妥善处理和霍光以及其他元老大臣的关系。现在回过头来看看，王吉这话说得太对了。刘贺以为广泛提拔、安插自己的人就可以了，但这些事全都在明面上，霍光却不动声色早就布好局了。

除了和汉昭帝宫人淫乱外，弹劾奏章还举了很多其他例证，比如刘贺在服丧期间听音乐、游猎斗兽，和一大帮小人喝酒胡闹，陪他游戏的这些小人都得到非分赏赐，乃至于索取皇太后的小马车（用一种罕见的矮小马匹"果下马"拉的车辇）以供游玩，等等。总之罪行很多，都是不符合皇帝身份，甚至对先帝大不敬的行为。霍光的情报搜集工作做得也够细致，这些全都能知道。奏章最后的结论，这是一个连基本孝道都无法恪守、基本行为规范都缺乏的人，怎么适合做皇帝呢？真让他一直胡闹下去，怕是要社稷颠覆、汉朝基业不保，到时候对不起列祖列宗，那就是更大的不孝。《孝经》里孔子说："五刑之属三千，而罪莫大于不孝。"所有的罪行里，不孝是最大的。所以奏章中建议皇太后，废黜这个皇帝。皇太后最后只说了一个字："可！"表示画圈同意，组织程序就算走完了，刘贺就这样从皇位上被赶了下来，毫无反抗之力。

整个废黜过程中，刘贺的表现很反常，没有任何冒失的举动，也没有像市井无赖那样撒泼打滚，说你们都是串通好的来欺负我一个。而是安安静静地把弹劾他的奏章听完，对其中所举证的罪名，也没有任何表示，只在所有程序完成、自己被剥夺皇帝身份之后，讲了一句话："闻'天子有争臣七人，虽亡道不失天下'。"字面意思是，一个天子如果手下有七位敢于谏诤的大臣，那么即便很无道，也不至于失去天下。这是刘贺在整个过程中唯一为自己辩护的话，很简短，态度看上去也很平和，但他一语中的，击中霍光的要害。

废帝的启示

这句话有两个厉害的地方：首先，为什么说天子若有敢于谏诤的大臣，即便无道也不至于失去天下？因为这样的大臣会及时纠正君主的过失，而不至于最终不可收拾。刘贺此言何意？刘贺的意思是，即便他把所有的错都认下来，但他平时做的事情大臣们一直都很清楚，既然如此，为什么不来规谏他、帮助他改正？非要囤积到一块儿，最后安个大罪名把他给废了，这对吗？尤其是霍光，身为辅政大臣尽到平时督导、教育的责任了吗？这个反击太厉害了，厉害到霍光无言以对，只能借故回避这个问题。

还有第二个厉害的地方：以霍光为首的大臣们给刘贺安的罪名是不孝，而且引了《孝经》里头孔子的话作为依据："五辟之属，莫大不孝。"而刘贺说的这句话，"天子有争臣七人，虽亡道不失天下"，恰恰也是《孝经》所载孔子的原话。这叫以子之矛攻子之盾，别光顾着指责我违背《孝经》，你们也没好到哪儿去。这比前文分析的第一点还厉害，从针锋相对讲道理的角度看，可以算是绝杀。当然，这无法挽回刘贺被废的命运，现实的残酷性就在于实权常凌驾于道理之上。

史书反复强调刘贺的放荡无节制，但刘贺在这个场合的表现却令人瞠目结舌，和之前对他的印象全然不同。面对如此紧张的局面，而且一看就知道是所有人都合计好了一块儿整他，他居然气定神闲，用一句话四两拨千斤，政治上失败，道理上不败，完全不像一个只知贪玩不爱学习的纨绔子弟。刘贺被废以后，大臣们一起把他送出宫门，临别之际，刘贺也是不哭不闹，只是向大臣们作揖拜谢，说了句："愚戆，不任汉事。"承认自己愚蠢、不聪明，没把事情做好。刘贺的表现，让人感觉分寸拿捏得很好，而且很有风度。这就令人对之前史书中塑造的那个轻佻、荒诞的刘贺形象起疑心，迫使我们不得不重新考量刘贺这个人物。

刘贺年轻，很多事情做得不合规矩，应该是有的，否则不会被霍光他们抓住这么多把柄。但史书记载偏向于胜利一方，加重对刘贺放荡不羁形象的渲染，以证明霍光废他是合理的，这种倾向性恐怕也是有的。在群臣的弹劾奏章中，提到刘贺有一项罪名："受玺以来二十七日，使者旁午，持节诏诸官署征发凡一千一百二十七事。"二十七天干了一千一百二十七件涉及官署机构的事，平均每天得干四十二件事。居委会大妈每天上你家敲三次门，你肯定就受不了了，一位皇帝每天给各衙门下四十二道命令，这是一种什么样的精神？这一千多件事，霍光在奏章里把它们全都说成是刘贺荒诞的个人行为。真是这样吗？后世有很多学者表示怀疑。

更有甚者，昌邑王被废之后，他原先的属下有二百多人被杀，这些人在死前高呼："当断不断，反受其乱。"更有意思的是，司马光在编《资治通鉴》时，把这句话给删掉了。司马光为什么删除这句话，我们下文再分析。先来琢磨一下这句话。从话意来看，这些昌邑国下属曾经建议刘贺在某件事情上当机立断，但刘贺没这么做，所以才有今天这个下场。那么他们建议的到底是什么事情？史无明文，我们只能靠分析。大家想想，何谓"当断不断，反受其乱"？说明现在的结局和当初的优柔寡断是有直接联系的。现在的结局是刘贺被废，众人被杀。主持这件事的是霍光，霍光背后是长安政坛的旧官僚。若想避免这个结局，当初该怎么做？答案呼之欲出，也很吓人：无非就是对霍光集团先下手为强。

把整个故事联系起来看，昌邑王被废事件的本质恐怕是权力斗争。霍光执掌政权十几年，功劳很大，势力也很大。刘贺作为新即位的天子，有自己的施政主张，有自己的人事考量，因此和霍光发生冲突，应该是整个事件的核心问题。

从今天的角度看这个故事，能得到什么教训呢？首先，凡事自己要行得正，这是最基本的道理。霍光对刘贺的指控，难免有政敌泼污水的成分，但也绝不会完全凭空捏造。刘贺以荒淫无度的罪名被废虽然是政治斗争的手段，但也不是空穴来风。

更重要的道理隐含在如何看待这场政治斗争里。真像刘贺那些手下说的，对霍光先下手为强，就能扭转局面反败为胜吗？其实也未必见得。关键还是王吉告诫刘贺时说的，长安城里水深水浅还不知，凡事需谨慎小心，要处理好和霍光的关系，在保证不翻船的情况下再谈其他。很多读者会怀疑，刘贺是不是想进行大规模政治改革，因而触动了霍光为首的旧官僚集团的利益？王吉小心谨慎的劝告，是不是代表着庸俗保守的倾向呢？由于史料的缺乏，我们不知道刘贺在这二十七天里干的一千多件事到底是什么，即便刘贺真是实践自己的政治纲领，如何把握节奏，也应该慎重考虑，但他显然没有把节奏控制好才会翻船。霍光不会一点儿问题都没有，老官僚也都有各自的利益，但整体来说霍光和这批官僚十几年来对国家是有大功的，也并非都是大奸大恶之辈。刘贺若觉得按他们的路子走下去不对，有自己的想法，也应该在和这批人协调好关系的基础上，有序推进，毕竟这些人掌握着长安政坛最重要的资源。在他们的支持下进行改革才能有好的效果。刘贺激烈的人事政策说明，他很有可能想绕开这些旧官僚，完全用自己的人重新组成权力中心来推进改革，这既不现实，也失去了天下为公的本意。

昌邑王被废之后，霍光和旧官僚集团又立了一个年轻的皇帝，就是后来的汉宣帝。汉宣帝有自己的施政主张，而且最终成为西汉的中兴之君。他的成功有一大看点，就是处理和霍光之间的关系非常有技巧。这很值得拿来和刘贺的做法对比。我们之后会有专讲讨论这个话题。

最后分析《资治通鉴》为什么删掉"当断不断，反受其乱"这句话。这句话其实是探究昌邑王事件本质的重要线索。司马光的政治敏锐性和史料敏感性肯定比我们一般人强，不会不知道这句话意味着什么。中国古代有个政治成语叫"伊霍之事"。"伊"指的是商朝初年的宰辅伊尹流放年轻而不守规矩的商王太甲，这个故事《史记》有记载；"霍"指的就是霍光废昌邑王。古时候把大臣废黜不合格的君主，称之为"行伊霍之事"。司马光删除"当断不断，反受其乱"这个信息，专心把昌邑王故事塑造成一个荒诞君主被废黜的经典案例，有利于告诫后世帝王恪守规矩，还是从"皇帝教科书"的角度着眼来诠释历史，而不是斤斤计较于一些历史的细枝末节。

立后之祸：手段正当性

汉宣帝立后

霍光治国有一套，历代学者都不否认。霍光废了昌邑王刘贺，又立汉武帝曾孙、戾太子之孙刘病已为新一任皇帝（即汉宣帝刘询），在此期间有二十七天，汉朝是没有皇帝的。注《资治通鉴》最著名的学者胡三省评论道："汉朝无君二十七日，天下不摇，霍光处此，诚难能也。"二十七天没有皇帝，居然没有发生什么重大变乱，霍光能把这件事处理好，难能可贵。除了政务正常运转外，更为关键的是，霍光没有让人觉得他有篡夺帝位的野心，所以大家都很服帖，各干各的，没有人惹是生非。霍光的才能和忠诚在这个非常时期都得到了考验。

但在政治上如此成功的霍光，死后留给子孙的却不是无限荣光，而是门庭破落、宗族夷灭的惨烈下场。霍氏家族这个结局，和霍光在世时的风光形成强烈反差，因此也给后世功臣家族留下深刻的教训。为什么会这样？关键就在于霍光能治国，却不能修身、齐家。霍光齐家的失败，可以从他的夫人说起。

霍光夫人名叫霍显。夫妻俩除了儿子之外，还有几个女儿，其中大女儿有幸做了汉昭帝的丈母娘，算是富贵有靠。霍显尤其宠爱的是小女儿霍成君。汉宣帝刚被立为皇帝的时候，霍成君还待字闺中，霍显很想让她成为汉宣帝的皇后，以长享富贵。

但问题是汉宣帝早年在民间时已经婚配，女家姓许。汉宣帝还在襁褓之中时，发生了巫蛊之祸，他的爷爷戾太子被栽赃陷害，被迫起兵，最终兵败自杀。刘病已也在才几个月大的时候被一起关到监狱里。戾太子子孙这一支，后来就只剩下刘病已一个人。虽经赦免，像庶人一样长养在民间，但作为身负谋逆大罪的戾太子的孙子，刘病已早年在民间的生活应该是充满艰辛的，婚配不到好人家的女儿便是艰辛之一。在忠于祖父的老部下的热心张罗下，刘病已最终聘了一位许姓女子为妻。这位女子的父亲早年因为犯法受了腐刑（阉割男子生殖器的刑罚）而在宫中担任杂役。这样一户人家，应该说社会地位是比较低的，但即便是这样的人家，当许太太知道老头把女儿许配给了罪人的后代，也非常生气。好在许家老头不是"妻管严"，老太太反对无效，刘病已算是有老婆了。

等到刘病已做皇帝了，这一下什么都来了，很多人巴不得他没老婆，好把自己家的女儿塞进去。公卿大臣们认为许家女身份太微贱，不适合立为皇后，所以在汉宣帝即位之初仅被封为婕妤，皇后要另选名门闺秀。后来大家一知道霍家有意把小女儿纳入宫中，当然谁也不敢跟他们抢，都想附和霍家，立他们家女儿为皇后。当发未发之际，汉宣帝忽然跟大臣们说："我贫贱时候佩过一把剑，现在虽然富贵了，但怀念旧物，你们帮我去找找看。"大臣们很纳闷，商量立皇后呢，找贫贱时候的佩剑干吗？有聪明的臣子立刻悟到了，皇帝这是在暗示不忘旧情，皇后人选倾向于贫贱时候和他做夫妻的许氏。明白皇帝的意旨之后，大臣们也很配合，马上建议，请立许氏为皇后。皇后人选就这样确定下来，霍家女儿第一次谋求正宫之位的企划失败。从中可以看出，汉宣帝这个人有很了不起的地方，虽贵为天子而不忘本。古人处理夫妻关系有"三不出"之条，其中一条叫"先贫贱而后富贵者"不出，如果这个老婆曾陪伴着你度过最艰辛、最贫困的日子，等你以后富贵了，就不能休弃她，这是做人最基本的道理之一，很多人却做不到。汉宣帝能做到这一条，确实难能可贵。

许皇后之死

一次不成，霍显不肯罢休，始终想着要找机会让自己的幼女成为皇后，结果为此犯下弥天大错。霍显想，由于许氏的存在，自己女儿失去了成为皇后的机会，那让许氏消失不就可以了吗？为此，霍显制订了一个非常邪恶的计划。

汉宣帝即位两年多之后，许皇后怀孕了，身体状况不太好。有位女医名叫淳于衍，在皇后身边侍奉。这位淳于女大夫和霍家关系好，曾有一次去拜访霍显，目的是为她丈夫求官。她丈夫本来在宫廷里面做门卫，想通过老婆和霍家的关系求个肥差，就让老婆去找霍夫人了。霍显一听说侍奉皇后医药的淳于衍有求而来，心里一个邪恶的计划立刻就出炉了。于是屏退左右，和淳于衍私聊，对淳于衍的称呼也开始亲密起来了，不叫她的名，而称她的字。古时候并非只有男人有名有字，有些女性同样有名有字。古人称字不称名，是表示亲近。淳于衍字少夫，霍显就称她少夫，以示亲近。霍显说："少夫啊，你有事来告诉我，找我帮忙，那是看得起我。我也有件事想找你帮帮忙，可以吗？"淳于衍一心惦记她丈夫的美差，想都没想就直接回答："霍夫人发话，那还有什么不行的。"

霍显说："我们家将军（指霍光）最疼爱幼女，很想让她富贵无比，这件事恐怕要托付在少夫你身上。"淳于衍一听这话莫名其妙，堂堂霍大将军之女的富贵要依托在自己一个小医官身上，什么意思？等霍显把接下来的话一说出口，淳于衍吓坏了。霍显接着说："妇人分娩是九死一生的大事，本身危险性就大，你又恰巧在皇后身边侍奉汤药，如果能借许皇后这次分娩的机会，在汤药里做些手脚，把许皇后给除掉，接下来的皇后必然是我们家女儿。这事如果能办成，也就不是给你丈夫谋个差事的问题，我们两家富贵共享，同休共戚！"

淳于衍说："皇后身边医官不止我一个，而且给皇后进药，照例要有人先尝，这事恐怕有难度。"霍显又说："将军领天下，谁敢言者！缓急相护，但恐少夫无意耳。"霍显把自己家老头抬出来，官太太拿当家的当招牌太常见了。和一般的官太太不同的是，霍显张狂到根本不把毒害皇后这样的事放在眼里，觉得只要自己家老头子在，天皇老子也只是条小蚯蚓。所以她才会对淳于衍说，有我们家老头在，你怕什么呀？怕只怕你没这份心来做这事。淳于衍沉思良久，终于答应。大家仔细想想，此时的淳于衍有不答应的余地吗？事实上她根本不可能不答应。这是多么机密的事啊，霍显对她和盘托出，如果她不答应，以霍家的势力，能留着她继续开口说话吗？淳于衍本来只想为自己丈夫谋个美差，没想到竟把自己绕到这么个天大的阴谋里去了。此时已无退路，淳于衍也只能硬着头皮答应下来。因为贪婪，贪图一个美差，结果把自己给害了。这样的事生活中也非常多见。

许皇后分娩之后，淳于衍真把一种带有毒性的草药捣碎后带进宫里去了，并把它掺杂在药丸里给许皇后吃下了。许皇后服药之后感觉到头很疼，马上就怀疑药里有毒。淳于衍在边上抵赖，说药没问题，没有毒。许皇后烦躁、愤懑的感觉不断加强，不久之后便去世了。许皇后去世之后，淳于衍还出宫去了霍家一趟，和霍显见面后也没多说什么，相互寒暄一番，双方心知肚明。霍显也不敢在这当口重谢淳于衍，怕被人看出破绽。

但这么大的事怎么瞒得住啊，有人举报说侍奉皇后医药的这些人有问题。皇后临终前不是已经怀疑药里有毒了吗？有这样的举报当然正常，所以所有侍奉皇后医药的人全被逮起来审讯，淳于衍当然难脱干系。知道淳于衍被收系之后，霍显开始慌了，万一淳于衍在监狱里扛不住审讯，都招供了可怎么办？于是这才把整件事情告诉霍光，要霍光想办法庇护淳于衍，不能真让她吃官司，否则霍家也跟着完蛋。霍光闻言大惊，要不怎么说他治家严重失败呢，老婆仗着他的权势铸下弥天大错，他竟然到这时候才知道！该怎么办？霍光一开始想自我检举，却始终犹豫下不了决心，这么干虽然符合道义，但霍家肯定要遭殃。直到下面负责办案的把公文送到他办公桌上来了，向他请示这件事该怎么办理，霍光最终才作出一个决定。这时候的霍光，平时处理国家大事时的智慧和魄力都不见了，作出了和普通人一样自私的抉择，大笔一挥，在公文上批示说，其他的人都要好好审问，淳于衍这个人可以放过，不必审了。因为霍光是首辅大臣，重大事件在到皇帝那儿之前，都要先向他汇报，向他请示。霍光就利用这个权力把淳于衍给放过了，也把霍夫人主谋毒死皇后的事给掩盖起来了。又过了不久，汉宣帝迎纳新皇后，这位新皇后就是霍光的小女儿。这次霍夫人如愿以偿了，小女儿终于当上皇后了。但这件事就这么结束了吗？世上哪有不透风的墙，毒害皇后这么大的事岂能这么轻易地瞒天过海？霍夫人还沉浸在女儿成为新皇后的喜悦中时，霍家灭门之祸的恶因已经种下。

谋划太子之位

霍家女儿成为皇后之后，生活作风上和许皇后形成强烈对比。许皇后出身贫苦，所以做了皇后之后依然保持着节俭朴素的作风。霍小姐可不同，什么排场没见过？她一入主后宫，坐的车子开始讲究起来了，身边的侍从开始多起来了，平时用来赏赐身边人的钱和物动辄以千万计。否则怎么体现霍大小姐出手阔绰呢？总之，从她进宫后，后宫的开销一下子就成倍地往上翻。汉宣帝也够倒霉的，原配爱妻莫名其妙地死了，换回来一个败家女。汉宣帝对这位霍小姐什么态度，不太清楚。但从史书用这样的角度来记载霍小姐的生活作风来看，至少舆论对于这位新皇后没有太多好评。

常言道："好花不常开，好景不常在。"霍氏一家仗着霍光的势力如此骄横不法，难道霍光真能永远对霍家这样庇护下去吗？霍氏幼女成为皇后之后的第三年，霍光去世了。这当然是震动朝野的大事，霍光的去世意味着权力格局很有可能会发生巨大变化，稍有政治敏锐性的人应该都能察觉到这一点。对于霍家人而言，"庇护神"不在了，这些人总该收敛点儿了吧？不，这一家老小反而更加骄纵不法。他们平时无法无天惯了，观念中毫无忧患意识，管你天崩地裂，依然我行我素。

霍光去世次年，汉宣帝立太子，立的是他的第一个孩子，也就是他在做皇帝之前，和许皇后做贫贱夫妻时生养的儿子刘奭。霍显听说这个消息之后大怒，不仅气得吃不下饭，甚至于气到吐血，说道："此乃民间时子，安得立？即后有子，反为王邪！"她认为刘奭不应该被立为太子，因为他是汉宣帝在民间时候生的孩子，这个反对理由很奇怪。其实真正的关键问题在后半句，许皇后的儿子把太子的坑给占了，那以后她自己的女儿霍皇后生了儿子怎么办？岂不是做不成太子了？为解决这个问题，霍显又想出一个匪夷所思的办法，她居然教唆霍皇后设法毒死太子。坏事做多了，也会越做越顺手，越做胆儿越大。上次毒杀许皇后，暂时侥幸没被查出来，把霍显的胆子养肥了，居然想故技重施，再对太子下毒手。所以大家记住，首先，千万别去干坏事；其次，干了坏事暂时没被发现，不是福，而是更大的祸！它会让你误以为干了坏事可以逃避惩罚，而去积累更多的罪恶，最终把自己推向万劫不复的深渊。

霍皇后也是年轻没主见，听了母亲的馊主意，时不时叫太子过去吃东西，就想抓住机会往食物里面投毒。但说来奇怪，似乎太子这边的人早有戒备之心，每次皇后召太子赐食，负责照顾太子的保姆都会跟着一起去，而且在太子进食之前都要抢上去先尝一下。由此之故，霍皇后的毒就投不进去，太子也就得到了保全。这件事很值得品味，太子这边的人为什么这么早对霍皇后就有警惕心理？他们是否已经察觉到了霍氏的不善？真相虽然不得而知，但从他们的行为来看的确够谨慎的，从霍皇后第一次赐食开始就严防死守。另一方面，霍氏一次不成功而接二连三地找太子来赐食，是否会反过来增加太子这边的疑心呢？当然也很有可能。赐食一两次还算正常，没事老找太子来吃东西，就有点儿不正常。这个过程中暗含的双方矛盾虽然没有公开爆发出来，但这很可能会成为霍家倒台后算总账的一个重要关节。

霍氏门风

霍光治家没有规矩法度。在他去世之后，霍家的不良门风更为明显地凸显出来，具体表现在两个方面：一是奢侈，二是无礼。霍氏最终夷灭和这两项不良之风紧密相连。

先说奢侈。夫人霍显制作高档次的马车，用黄金涂饰车厢，其他装饰上也是极尽奢侈之能事。看来有钱有地位之后就要添置豪车，古人今人如出一辙，但因奢侈败家也是古今一辙。和今天一般"土豪"不同的是，霍显把自己的府第造得很大，规模应该不比后代的大型园林小。所以她那以黄金等奢侈品装饰的马车根本不用拉到外面去，坐着这车在自己家里玩玩就足够了。因为是在自己家里玩，霍显也就不用马拉车了，而是让侍女用五色丝做挽绳，拉着车子载着她在宅第里游玩。自己极尽奢侈，不拿侍女当人看。除此之外，霍显还给死去的霍光戴绿帽子，和霍光生前一个信任的家奴私通。当时的霍家，霍显是家里的长辈，家长这个样子，下面的子侄辈当然上行下效，更是奢靡得不得了。

穷奢极欲之心必然导致行动上的无礼，霍家子弟的无礼程度令人瞠目结舌。试举一例。霍光有个侄孙叫霍云，是霍光之兄霍去病的孙子。霍去病去世得早，子孙都依附霍光。这位霍大少爷，经常在该朝见皇帝的时候假称生病不去，事实上是和宾客们一起去打猎了，然后派个家奴替自己去朝廷"签到"。敢这么糊弄、敷衍皇帝，把朝章制度都不放在眼里，无礼放肆至极。

　　主人的作风影响到仆人，霍家的仆人也学主人的样儿，平日在外极为嚣张。有一次霍家的奴仆和御史大夫魏相家的奴仆争道，霍家这个奴仆很不爽，觉得除了主人从来没有人敢得罪他，御史大夫的家奴居然也敢来跟霍家人抢道！于是这个霍家奴仆冲到御史大夫府邸，想一脚把御史大夫所住地方的大门给踹开。御史大夫亲自给霍家奴仆叩头赔不是，霍家奴仆才扬长而去。汉朝官制，御史大夫相当于副丞相。古人讥讽官场有"宰相门房七品官"之说，而霍家奴仆居然嚣张到根本不把副丞相放在眼里，坦然接受副丞相的叩头赔礼，倚仗的当然是主人的权势。

　　古人以为修身、齐家、治国、平天下，四者之间步步递进。事实上修身不比齐家简单，齐家也不比治国简单。霍光和霍家就是极好的例子。霍光治国的能耐无须再赘语，但他生前治家不严，其身后的霍家在奢侈无礼的错误道路上越走越远，成为矛盾的聚焦点。有位徐生看到霍家如此骄纵无礼，说了这样一段话："霍氏必亡。夫奢则不逊，不逊则侮上。侮上者，逆道也。在人之右，众必害之。霍氏秉权日久，害之者多矣！天下害之，而又行以逆道，不亡何待！"这番话讲得很厉害，第一句就斩钉截铁地作了个判断：霍氏家族必然覆亡。为什么呢？诚如大家在生活中所见到的，朴实一般都和踏实、沉稳联系在一起，而奢侈总是和浮躁、不逊相捆绑。我们之前所举霍氏门风中无礼的特点，其实就是因奢侈而不逊的典型。这种不逊必然会体现在对上位者的不恭敬。家奴居然敢大闹御史大夫府邸，霍云居然敢让奴仆代替自己入朝"签到"，这都是对上位者不恭敬的典型事例。当时霍家一人之下万人之上，在他们之上最主要的当然是皇帝，徐生所言"侮上"，主要也是指他们对皇帝不恭敬。在当时社会，对皇帝不恭敬当然是大逆不道。这样的霍家，看上去很强大，其实却有很多潜在威胁。首先，很多人都觊觎霍家的地位，除了皇家之外，几乎所有人都想取代霍家成为第一家族，所以盯着他们找碴儿的人势必不少。这就是徐生所说的"在人之右，众必害之"，很多时候地位高并不见得就是好事。其次，这样一种情况下，霍家不砥砺自修减少祸灾，反而更加奢侈不逊，对皇帝不恭，不是正好给那些试图取代他们的人以机会吗？如果这些人能得到皇帝的支持，上下齐心，两面受敌的霍家处境就十分危险了。所以徐生认为，霍家岌岌可危。至于霍家覆亡这个过程是怎么发生的，下文再继续讲。

汉宣帝让权：避免冲突

霍光的尊荣

汉宣帝和昌邑王刘贺有一个共同特点，他们都由霍光扶植上台。所不同的是，刘贺还没把位子坐暖，就被赶下台去了；汉宣帝不仅稳稳地坐住了皇帝这个位置，还把霍家给端了。在政治上能隐忍、有策略，是汉宣帝大大强过刘贺的地方。

刘贺在霍光的扶植下上位，却在脚跟还没站稳的时候，就用自己的亲信挤压以霍光为首的长安旧官僚集团的生存空间，不仅没掌握好节奏，也使得旧官僚集团中很大一部分抱团支持霍光，导致自身被废。汉宣帝一上台动作就不一样。《资治通鉴》叙述汉宣帝上台后的第一件事，就是嘉奖以霍光为首、扶植他上台的功臣。"诏有司论定策安宗庙功。大将军光益封万七千户，与故所食凡二万户。车骑将军富平侯安世以下益封者十人，封侯者五人，赐爵关内侯者八人。"一下子给霍光增封了食邑一万七千户，和他之前所享受的食邑加起来是两万户，也就是说有两万户人家的租税成为霍光每年的收入。史书上这个写法有点冷幽默的意思，通过这两个数字，我们可以知道，霍光在扶植汉宣帝之前，执政十余年也就食邑三千户，汉宣帝一上来就给他加了一万七千户，凑成两万户。除霍光之外，还有些拥立有功的大臣，本来已经封侯而增加他们食邑的有十人；没封过侯而趁这次机会封侯的五人；还有没到封侯资格，但赐予关内侯爵位的八人。关内侯就是仅次于正式封侯的，再往上走一级就是正式封侯了。这样数下来，汉宣帝为庆贺登位，大封包括霍光在内的功臣二十四人，其中绝大多数都是旧官僚集团里的重要成员。从策略上讲，汉宣帝把自己跟旧官僚集团的关系理顺了，有利于巩固自己的位置，只有在位置巩固之后，才可能有所作为。

而霍光虽然齐家无方，倒也并非蛮横狡诈的大奸大恶之臣。废昌邑王是迫在眉睫的政治斗争，霍光横下心来做了。但大臣废皇帝毕竟是亘古未有的"逆向行驶"，霍光也从此落下个心悸的毛病，经常心慌难受。说明废昌邑王的时候，霍光也是高度紧张的。在汉宣帝即位后，不知是出于深刻反省之后的自我裁抑，还是出于对汉宣帝的试探，霍光表示要归政给皇帝，不再担任首席执政官了。汉宣帝则谦让不受，希望霍光继续秉政。汉宣帝为什么要这么做？关于他的心态，《资治通鉴》倒有一段间接解释："自昭帝时，光子禹及兄孙云皆为中郎将，云弟山奉车都尉、侍中，领胡、越兵，光两女婿为东、西宫卫尉，昆弟、诸婿、外孙皆奉朝请，为诸曹、大夫、骑都尉、给事中，党亲连体，根据于朝廷。及昌邑王废，光权益重。"霍光执政十余年，霍家子弟、故吏布满要路，树大根深，而且有的还手握兵权。在废黜昌邑王刘贺之后，霍光的权威更是不容置疑。面对这样的霍光，汉宣帝"虚己敛容，礼下之已甚"。作为皇帝，汉宣帝非常收敛、克制自己，反而是对作为大臣的霍光非常恭敬。

难道汉宣帝以这样的态度对待霍光是出于真诚吗？我们又如何看待霍光的为人呢？

霍光的威胁

直到霍光去世，汉宣帝始终对他恭敬有加。公元前 68 年，霍光去世了，汉宣帝不仅亲自出席丧礼，而且赐给霍光的丧葬用品都按照皇帝规格来。这当然是无以复加的礼遇。但汉宣帝对待霍光的态度，只有尊重这一面吗？阅读史书，我们会发现，汉宣帝对待霍光的态度，有复杂的两面性。

首先，对于霍光为大汉帝国作出的贡献，汉宣帝当然持肯定态度，尤其对于扶植自己上位的恩德，汉宣帝也很感戴。所以，即便因为霍光去世之后，霍氏家人子弟极其不逊，汉宣帝把整个霍家给端了，但在麒麟阁挂功臣像的时候，汉宣帝还是把霍光列为第一，而且还不直呼霍光的姓名，只称"大司马、大将军、博陆侯姓霍氏"，以示尊重。

另一方面，汉宣帝对于霍光又极为忌惮。汉宣帝刚即位的时候，霍光陪他去谒见高庙，也就是供奉汉高祖刘邦灵位的地方。两个人乘一辆车，汉宣帝内心什么感觉？"上内严惮之，若有芒刺在背。"汉宣帝近距离接触霍光，居然有芒刺在背的感觉。不仅是因为霍光不苟言笑，这时候的霍光，刚废了昌邑王不久，这样的权势令汉宣帝忌惮。自己会不会成为下一个昌邑王，很有可能是汉宣帝时常忧虑的问题。霍光去世后，陪汉宣帝乘同一辆车的换了另外一位名叫张安世的大臣。张安世虽然官员品级也很高，但仅仅是品级而已，没那么大的权势，也没有盘根错节的人际网，张安世在接人待物上也比霍光和蔼。和张安世在一起的时候，汉宣帝就能"从容肆礼，甚安近焉"，用今天的话来说，就是毫无压力。两相对比，大家就能看出汉宣帝内心深处对霍光的畏惧感。所以民间传一句话："霍氏之祸萌于骖乘。"霍氏灭门之祸，从霍光陪同汉宣帝乘车那一刻开始就注定了。这当然是一种猜测，但也从一个角度反映出汉宣帝对霍光权势的忌惮。

每个人都会有些缺点、有些问题，所以有问题本身不是问题，关键看你如何对待、改善这些问题。若不知道自己有问题，这才是大问题。霍光对于自己权势太盛的负面影响，有没有认识？看来认识很不够。如果他有深刻认识，知道这么盛的权势，既会让皇帝感到忌惮、不安，也会招致其他普通官僚的嫉妒，那他至少应该严格约束家人，不能让他们这么骄纵不法。上恨下忌，还这么招摇跋扈，那不是自寻死路吗？话又说回来，在权位上的人，正成功着的人，往往忧患意识非常薄弱，古往今来不只霍光一个，直到今天也有很多这样的人。以为自己是了不起的，树大根深没人敢碰，却忘了一句古训："一人三失，怨岂在明，不见是图。"一个有地位、有权势的人，多次犯错，或多种错误叠加，遭别人忌恨，这种忌恨可能不表现在明处，明面上别人都对你恭恭敬敬，心底不知道怎么恨你，这是很危险的事情。霍氏家族曾处于这样一种状态，当下社会也不乏这种人。

历来史家对于霍光的评价，都少不了对他在权势过盛之后缺乏自我反省、严格约束的态度进行批判。比如班固评价霍光："光为师保，虽周公、阿衡，何以加此！然光不学亡术，暗于大理……""不学无术"这个成语就出自这里。班固首先承认，作为一名辅政大臣，霍光是非常优秀的，堪比历史上最富有声誉的辅政大臣周公、伊尹。但在处世立身上，霍光不学无术，不知最基本的道理，其中就包括不懂得自我谦退，不懂得约束家人。

把霍光的这种缺陷和霍氏家族最终的命运联系起来分析，点得更为透彻的是司马光。他说："霍光之辅汉室，可谓忠矣。然卒不能庇其宗，何也？夫威福者，人君之器也，人臣执之久而不归，鲜不及矣……而光久专大柄，不知避去，多置私党，充塞朝廷，使人主蓄愤于上，吏民积怨于下，切齿侧目，待时而发，其得免于身，幸矣，况子孙以骄侈趣之哉！"司马光同样认为霍光作为一名辅臣，对于汉朝是非常忠心的。但他忘了，自己毕竟是辅臣，不能代替君主。汉昭帝年幼的时候，由他执政没问题，这是受汉武帝之托。但后来汉昭帝年长了，他没有归政；汉宣帝即位以后，他还是没有归政。贪恋权势，长时间把持政权，这是很不明智的。再加上在朝廷上用了不少自己的人，霸占仕途，固结党羽，使得上至皇帝，下至百官、吏民，对他都有意见，这样的情况下不仅不知自我反省，还放纵家人、子弟骄横不法，那这个家族还有不覆灭的道理吗？所以霍氏家族覆灭的这一天一定会到来。

腹背受敌

霍光在世的时候，汉宣帝没有和他展开夺权斗争，反而恭敬有加，有始有终。但在霍光去世之后，面对想继续掌握朝政大权，并一再表现出骄纵不法的霍氏家族，汉宣帝的铲除计划有条不紊地进行着。之所以说汉宣帝能屈能伸，关键就体现在这里。对于霍光，一是承认他对国家的贡献，始终尊重他；二是顾忌他的权势，避免因发生冲突而"翻船"，这是汉宣帝的"屈"；霍光去世，收回大权的机会出现之后，周密安排、毫不犹豫地出击，这是汉宣帝的"伸"。汉宣帝在伸展自己、削弱霍氏的过程中，有两件事最值得注意：一是调整政治运作模式，"屏蔽"霍氏的政治影响力；二是削夺霍氏兵权，防乱于未然。

先谈政治调整。霍光在世的时候，拥有一项非常重要的权力：凡是大臣汇报事情，都必须先把奏章或公文送到霍光那儿，由霍光决定哪些事情需要向皇帝汇报。也就是说，皇帝知道哪些事、不知道哪些事都取决于霍光。这必然造成霍光权势坐大，至少批评霍光的奏章肯定到不了皇帝那里。这就造成古代政治中常用的一个术语：壅蔽。皇帝的信息渠道过于单一，使得他无法掌握全局。好在霍光没有取代皇帝的野心，也没有使国家大政发生重大偏差，仅仅是养成一个权臣。但这样的政治运作模式显然是存在问题的，如果换成一个有野心的大臣，皇帝和政权就危险了。

霍光去世，显然是纠正这个模式的最佳机会。但霍氏家族的人仍想继承霍光的位置，保持这个特权，这就势必发生一场激烈的权力斗争。大家还记得向霍氏家奴磕头赔罪的御史大夫魏相吗？这个人就在汉宣帝拔除霍家势力的过程中扮演了重要角色。大臣可以直接向皇帝奏事，以革除霍光时代皇帝信息源单一的弊端，这个建议就是魏相最初向汉宣帝提出来的。魏相也很有策略，不是冒冒失失地自己去找汉宣帝，而是借助汉宣帝的老丈人许广汉的力量，向汉宣帝转述这个建议。因为魏相不知道汉宣帝心里到底是怎么想的，让许广汉去讲这些话，万一皇帝有其他态度，还能有回旋余地。从这个小细节就可以看出，魏相也是个很有城府的人。结果许广汉跑去一说，汉宣帝非常赞成，而且从此把魏相发展成自己身边重要的参谋人物。霍光去世的次年，汉宣帝就任命魏相为丞相，成为新一任百官领袖。

在失去霍光这棵遮阴大树之后还不知检点约束的霍氏家族，现在面临皇帝和其他大臣的双重挑战，腹背受敌。悲剧即将上演。汉代有个机构叫"尚书"，专门负责在外朝百官、吏民和皇帝之间传递信息。霍光正是掌握了这个机构，所以才有机会控制皇帝的信息源。霍光去世之后，这个机构仍然掌握在霍氏家族的人手里。霍去病之孙，也就是霍光的侄孙霍山，是这个机构的负责人。现在汉宣帝听从魏相的建议，撇开霍氏家族的人，另外开辟了和外朝大臣沟通的渠道，大臣有事可以直接上书给皇帝，也可以单独觐见皇帝。这就等于把霍氏赖以维持自身权势的尚书机构给架空了，皇帝可以不通过霍家直接接触外界，处理政务。这当然让霍氏家族的人非常不满，但他们缺乏霍光这样的权威，面对皇帝和大臣们联手反对霍氏专权的局面，根本无可奈何。

政治之外，汉宣帝也开始调整军事领导权，逐步削夺霍氏的兵权。霍光去世之后，汉宣帝在魏相的建议下，让张安世顶替了霍光大将军的位置。而给予霍光儿子霍禹以大司马的职位。级别上讲，大司马和大将军平级，当年霍去病和卫青两位名将分别担任过这两个职位。霍光生前也曾经是大司马、大将军，但汉宣帝把霍禹的实际待遇降低了很多。比如，让霍禹"冠小冠"，戴小一号的帽子，表示跟他父亲不一样。这个很搞笑，帽子小一号。这还是形式上的，关键的是，不再允许霍禹典兵，剥夺他的军事指挥权。

此外，霍光的女婿、侄女婿、外甥女婿、孙女婿，本来有很多都处在握有军事指挥权的重要岗位上，汉宣帝对他们的工作一一重新安排，或调到外地做地方长官，或转到其他文职部门。所有掌握兵权的霍氏一党，其军队职务都被清理干净。

这时候另外一桩重大案件被重新翻了出来，就是当年许皇后之死的谜案。民间纷纷传言许皇后的死和霍家有关。因为外界信息不再必须经由霍家才能传递到汉宣帝这儿，所以这样的言论也渐渐传到了汉宣帝耳边。

霍氏夷灭

史书上谈汉宣帝对霍氏家族的看法，有这么一句话："帝自在民间闻知霍氏尊盛日久，内不能善。"汉宣帝在民间的时候，就已经听说霍氏家族的强盛，心里对此很有看法。"内不能善"几个字很妙，心里很有看法，但嘴上不说出来。之所以说汉宣帝这个人有智慧，有策略，在这一点上就得到了充分展示。汉宣帝即位以后，直接面对强势的霍光，不仅没有丝毫暴露过内心的想法，而且还恭恭敬敬地对待霍光，一直到他去世。这期间发生了许皇后被毒杀一案，由于霍光的干预，此案不了了之。汉宣帝难道没察觉到其中的蹊跷吗？我想以汉宣帝的聪明，不会没有感觉，但汉宣帝始终隐忍不发。

霍光去世后的霍氏家族，应了现在流行的一句网络语言，叫"不作不死"。在实权被削弱之后，这个自以为天下人莫奈我何的家族，开始有了一种紧张感。再加上许皇后乃是霍氏下毒害死的传言在民间广泛流传，原先不知道内情的霍家重要男性成员霍禹、霍山、霍云等人听到风声后去向霍显质证，问是否真有此事。霍显这才把当年的密事向霍禹等人和盘托出，承认确有此事。这更加重了霍氏家族的焦虑感。霍禹等人开始埋怨霍显，说："如是，何不早告禹等！县官离散、斥逐诸婿，用是故也。此大事，诛罚不小，奈何？"意思是说，真有这事为什么不早点告诉他们，可以早作准备。皇帝（汉人所说"县官"，指的是皇帝或朝廷）把霍家人从重要岗位上调离、斥逐，恐怕正是为这件事。许皇后案的"锅盖"真要被揭开，霍氏恐怕要有灭顶之灾。那接下来怎么办？

平时缺乏修养功夫的霍氏一家，在面临这样一种危局的时候，想出了一个更为危险的应对策略：谋反。他们计划让上官皇太后（霍光的外孙女）出面，摆下酒席，召见和汉宣帝亲近的丞相魏相，以及汉宣帝的老丈人平恩侯许广汉（许皇后之父）等人，由霍光的两个女婿在席间暗伏甲兵，趁机斩杀魏相和许广汉，然后发动宫廷政变，废黜汉宣帝而立霍禹为天子。

但这个计划还没来得及付诸实施，就被汉宣帝的人侦知。汉宣帝立即下令逮捕霍氏家族重要成员。霍氏族人担心的灭顶之灾在这一刻正式降临了。霍云、霍山以及霍光的一个女婿，在被汉宣帝逮捕之前自杀了。霍显、霍禹等人被捕。最后的判决结果，霍光之子霍禹被腰斩，霍光之妻霍显以及霍光的几个女儿、兄弟子侄，都遭弃市之刑。受霍氏牵连的家族多达几十家。

霍氏家族还剩下一个霍皇后，也就是霍光的小女儿霍成君。霍氏谋反案发之后，霍皇后当然也被废。虽未被杀，但用人们熟悉的语言来讲，就是被打入冷宫。十二年之后，郁郁寡欢的霍成君也就自杀了。霍显毒杀许皇后，本来就是想为霍成君抢夺皇后之位，想把爱女置身于永久的金玉富贵之中。但以邪恶手法得到的东西，永远不可能给人带来安宁。霍成君的后半生可以说正是被她母亲的这种爱活活断送了，这样的母爱真的让人无法承受。教训是惨痛而深刻的，人们都希望读史明智，在看到这样的历史故事时，每位家长都应该掩卷而思，什么样的爱才是真正的爱，什么样的爱才对孩子真有帮助。

更值得我们思考的是霍光这个人。作为个人，霍光的画像还是被汉宣帝挂在麒麟阁上，标为功臣之首；但他的家族，他的后人却被夷灭殆尽。霍光难道不需要为此负责吗？位高权盛之际，不仅不知谦退避让，反而植树党羽，引发皇帝和其他大臣的不满，这是持身无术。门第兴旺，却不知约束家人的行为，生活上任其所为，这是齐家无方。更有甚者，在毒杀皇后这样大是大非的问题上，居然包庇罪恶，只手遮天。霍氏族灭，难道不是霍光一手养成的吗？班固批评霍光的八个字"不学亡术，暗于大理"，非常到位。

诚然，人在官场，既会时时面临权势的引诱，也会时时面临险恶的挑战，真要做到不争不斗，恬淡寡欲，谈何容易！身处高位，权势难免被族人、亲信利用，想一干二净，什么错误都不犯，又谈何容易！但在历史上并不是绝对找不到这样的人，这就需要修身有术，齐家有方。人在官场，如何持身？身处高位，如何齐家？下一章里，就挑两个和霍光同时代的人物作为正面典型予以分析。

第二卷

君臣自省：何以立身

修身齐家：保持低调

丙吉的事迹

古人重视"修身、齐家"，当然有深刻的道理。一代名臣霍光，尽管为大汉帝国作出了卓越的贡献，却因持身无术、齐家无方，而导致其身后霍氏家族的夷灭。古往今来，总有很多人取得一点小成绩、一点小成功，便目中无人、骄横不法。论成就，试与霍光相比如何？连霍光这样的大人物，缺乏修身、齐家的功夫，都会遭受这么严重的后果，更何况是普通人！这一讲打算从霍光同时代官员中选两位正面典型，分别来说明修身、齐家的重要性。

先说能修身的代表丙吉。汉宣帝在襁褓之中时，丙吉对他就有大恩。但后来汉宣帝即位后，丙吉对当年的功劳绝口不提，致使汉宣帝在很长时间内并不知实情。整件事的起因，可以追溯到汉武帝晚年的巫蛊案。这桩大案中，汉武帝的长子刘据被人栽赃陷害，说是用巫术诅咒汉武帝。刘据被逼无奈，起兵造反，最终兵败自杀。汉宣帝是刘据之孙，当时出生才数月，也遭受牵连，被关到监狱里。而丙吉恰恰是办理这桩大案的官员之一。作为一个明白人，丙吉深知太子刘据是被冤枉的，尤其同情这个尚在襁褓之中的皇曾孙，也就是后来的汉宣帝刘询（刘病已）。于是丙吉在女囚徒中挑选了两个为人还算朴实忠厚，又有奶水的，抚养皇曾孙。这两个妇人一个叫胡组，一个叫郭徵卿。一般的牢房潮湿阴暗，丙吉特意挑选了一块高敞、干燥的地方安置皇曾孙，每天亲自去看两趟，非常仔细谨慎。

　　汉武帝晚年迷信鬼神，被方士骗得团团转。给太子刘据栽赃，说他以巫术诅咒汉武帝，使得汉武帝罔顾父子之情下令围剿亲生儿子的人，也正是利用了汉武帝这一点。巫蛊案发之后，汉武帝身体一直不好，性格变得多疑而焦躁。才几个月大的刘病已被逮进监狱之后，又有人利用迷信思想蛊惑汉武帝，说长安监狱之中，有天子之气。于是汉武帝下了道非常狠辣的命令，凡是由天子下诏系捕的大案囚犯，不论罪名轻重，一律格杀。有个叫郭穰的使者连夜到了囚系刘病已的监狱。丙吉闭门拒绝接纳使者，在门里头对门外的使者说道："皇曾孙在。他人无辜死者犹不可，况亲曾孙乎！"这番话不仅批评汉武帝下这么轻率的命令，将使得很多无辜丧命，言下还有一层意思，虎毒不食子，难道亲曾孙也要这么残杀吗？说完这话，丙吉就守着监狱的门，一直到天亮，不让使者进入。使者无奈，只得回去禀告汉武帝，并且弹劾丙吉，说他阻挠使者执行皇帝的命令。汉武帝当时的神志大概时昏时醒，好在这会儿也缓过劲儿来了，觉得自己下这样的命令也的确过分了，不仅没有责怪丙吉，而且还收回了成命。但对于丙吉来说，这次挺身保护刘病已，冒了相当大的风险。万一汉武帝不是觉悟前非，而是固执己见，迁怒于丙吉，丙吉很可能有性命之忧。但丙吉并没有顾虑这么多，这个人的品格在这件事上就体现出来了。

随着时间的推移，负责哺乳刘病已的女囚胡组到刑满释放的时间了。对于婴儿来说，有奶就是娘。胡组走了以后，小病已很闹腾，要找自己的奶娘。于是丙吉又从自己腰包里掏钱，雇用胡组和郭徵卿两人，让她们继续抚养这孩子。孩子其他的衣食用度，也没处报销去，丙吉全都从自己的俸禄里开支。或许因为从小就在这么艰难的环境中成长，刘病已还老生病，好几次病得都快不行了。请医生、抓药还得丙吉掏钱就不必说了，关键是得为这无亲无故的孩子操多大心哪！丙吉当时的级别并不高，只是个年薪千石的中等偏下级别的官员，光抚养、照料刘病已就给他增加了很大的负担。

老这样下去也不行，丙吉后来打听到了小孩的外婆和舅舅的消息，把小孩送去由他母亲的娘家人抚养。直到刘据巫蛊案的风头过去之后，刘病已的名字才被写进皇家刘氏宗谱，再由宫里的宦官、宫人接手负责照顾、抚养。在刘病已从外婆家被接进宫这个过程中，丙吉同样扮演了重要角色。可以说幼儿期间的汉宣帝能得到抚育，丙吉当居首功。

正因为丙吉对汉宣帝的成长倾注了很多心血，对他十分关注，所以在霍光废黜昌邑王，难于下一任皇帝人选的时候，又是丙吉提醒霍光，汉武帝长房嫡曾孙尚在人世，是继承皇位的最佳人选。

丙吉的品格

丙吉不忍看到无辜的婴儿在这桩冤案中受折磨，体现了他宅心仁厚的仁人之风；不顾自身安危，挺身当险来保护皇曾孙，体现了他勇于任事的勇者之风。丙吉称得上是一位既仁且勇的伟岸君子。最终在皇位继承人问题上，丙吉又助了汉宣帝一程，由他出面向霍光举荐。那么丙吉这么做，是否打算向汉宣帝索要回报呢？如果有人这么认为，那就太小看丙吉了。汉宣帝受丙吉的恩惠时尚在襁褓之中，自己不可能记住这事。等他长大成人，直到即位为帝，还是不知道丙吉曾经对他有这么大的帮助。丙吉按部就班当自己的官，绝口不提早年对汉宣帝的帮助。这才是丙吉更难能可贵的品德，施恩不言，不图回报。

丙吉早年的这些功德是如何为人所知的呢？世界上人的品类是复杂多样而有趣的，有好人必然有坏人，有功成不居的，就必然会有贪赏冒功的。汉宣帝即位之后，有个名字叫"则"（不知其姓）的宫婢，上书自言，说她曾抚养、照顾过幼儿期的汉宣帝，请功邀赏。汉宣帝下令核实。这个宫婢为了证明自己，说当初皇曾孙进宫抚养，负责这件事的使者是丙吉，他知道详情，能证明她所言不虚。于是负责核实的官员就带着这个宫婢去见丙吉，问丙吉此人是否早些年照料过汉宣帝。丙吉一看，认得，的确有这么个人。但丙吉说，当初命这人照料皇曾孙不假，但她却不认真当差，还因奉职不谨被责罚过，别的兢兢业业照顾皇曾孙的人都没来讨赏，她却来邀功讨赏，有点恬不知耻。那么真正在汉宣帝小时候照顾他有功的人是谁呢？丙吉还是没有说自己，而是报了当初两个做奶娘的女徒的名字：胡组和郭徵卿。

经过这么一番折腾，汉宣帝对自己幼年的遭遇才有所知，一方面寻访胡组和郭徵卿两位早年哺育他的妇人，另一方面当然也要问丙吉为何对这些事了解得这么清楚。丙吉这才把前因后果细说一遍，汉宣帝才知道自己最大的恩人是丙吉，对丙吉的人品赞叹不已。

总结一下丙吉这个人的品格。襁褓中的汉宣帝虽然有皇曾孙身份，但因他祖父谋逆大罪而深陷囹圄，前途叵测。保护、照顾这样一个"罪人"，是要承担风险的，弄不好会被安上一个"庇护恶逆余孽"的罪名，把自己也卷进这场大案里去。事实上，当丙吉把汉武帝的使者挡在监狱门外的时候，已经把自己推到了风口浪尖，并冒了生命危险。丙吉与这个婴儿无亲无故，而且自身职位并不高，对朝廷要务走向并不承担过多的责任。照理说吃粮当差而已，按上面的指示办事，争取不犯错，保住自己的饭碗就可以了。这么小的官，操这么大心干吗？绝大多数官僚碰到这种情况都是这么想、这么干的，心知婴儿无辜，也不会冒险去保护他，能做到不虐待、心平气和地对待已经很不错了。要是碰上善于见风使舵、投机取巧的官员，说不定还会陷害、虐待这婴儿以取媚于当政者。更为关键的是，丙吉这么干图什么？什么也不图，更显高风亮节。

史书称赞丙吉："为人深厚，不伐善。""伐"字在古文中有自我夸耀的意思。自矜其能（自以为有才）、自伐其善（自夸功德），都是古人批评的浮夸作风，不谦虚、不踏实。丙吉"不伐善"，也就是从来不提自己做过的好事，这是古人赞赏的谦谦君子之风。这种品格，和霍光功高位盛之后不谦退裁抑，反而汲汲于经营自己的势力，放纵家人骄横不法相比，修身功夫高下立判。如果霍光有丙吉这样的品德，霍氏家族或许就不至于夷灭。

张安世的审慎

再讲一个善于齐家的例子。霍光有个同事叫张安世，废昌邑、立宣帝两件大事，霍光都是与张安世商议定策的。可以说在西汉中期，张安世曾一度是仅次于霍光的重要政治人物。张安世的父亲，是大名鼎鼎的酷吏之祖、曾叱咤于汉武帝时代的张汤。与其父鹰击张扬的个性不同，张安世虽身处政治旋涡中心，却是个低调谨慎的人。从修身齐家的角度看，和丙吉比，张安世在品格上有不如丙吉的地方。张安世谨小慎微，不敢惹事，同样也不敢承担责任。也正是这种谨小慎微的个性，使得张安世在为人处世上的做法，和霍光有很大不同。张安世约束自己、约束家人，有一套很好的理念。正是这一差异，使得张氏家族的命运和霍氏迥然不同。所以张安世的修身属于"明哲保身"一类，品德和为人的格局，不如丙吉"高大上"，但就齐家而言，远远胜过霍光。

先来讲张安世个性中明哲保身的一面。张安世的哥哥名叫张贺，是汉宣帝的祖父卫太子刘据的老部下，因巫蛊案牵连受了腐刑，后来就在宫里当差。汉宣帝被宫廷承认，由宫里头负责抚养之后，接替丙吉照料汉宣帝的，最重要的人物就是张贺。张贺为报答刘据的旧恩，对汉宣帝也是悉心照料，为他请老师，学习儒家经典。汉宣帝长成到该婚配的年龄，张贺本打算把自己的孙女嫁给汉宣帝。张安世知道这件事之后，非常生气地对他哥哥张贺说："曾孙乃卫太子后也，幸得以庶人衣食县官，足矣，勿复言予女事。"汉武帝晚年虽然对巫蛊案有所醒悟，但始终未给卫太子刘据公开平反，所以卫太子刘据的身份仍然是得罪先帝（指汉武帝）的罪人。作为刘据子孙的汉宣帝，早年身份是非常尴尬的。当时很多人都不会预见到，这个落魄皇孙将来会有机会荣登大宝。绝大多数人把他看作罪人之后，即便谈不上避之唯恐不及，也不愿意跟他发生过多的联系，以免给自己带来麻烦。张安世对待早年的汉宣帝，就是这个态度。所以他才会对他哥哥说，现在朝廷管着这位皇曾孙的吃和喝，已经很不错了，千万别再提和他结亲的事。张安世当时的官当得不小，张贺为了不连累弟弟，不得不终止嫁孙女的计划，只得另外出了笔钱为汉宣帝聘娶了另外一个女孩子，就是前两章提到过的许皇后。

除这件事外，平时张贺经常称赞汉宣帝。张安世听到了之后也会出面制止，不让他哥哥赞扬这个罪人之孙，免得让人误会他们张家想拥戴卫太子的后代。这些行为就表明张安世是一个深谙世故的老官僚，可以说他谨慎，也可以说他圆滑，不愿意承担任何风险。从忠厚质朴、见义勇为等修身角度看，不仅比不上丙吉，跟他哥哥张贺比，也相差很多。

但这种谨慎在张安世身上倒也不全是以世故、明哲保身的形式体现出来的。这种谨慎也给久居官场的张安世带来一种值得人们学习的优点，那就是他并不简单地认为官越大越好，权势越盛越好，而是懂得谦退自抑。这是张安世的另一面。霍光去世以后，张安世众望所归，成为宣帝和大臣们公认替代霍光的不二人选。取代霍光，成为新一代政治主宰者，这是多少人梦寐以求的事。但当张安世听到这个消息的时候，不是暗暗兴奋，而是惶恐不安。随后跑到宣帝面前，免冠顿首，自谢才乏，不足以继承霍光的地位。汉宣帝笑着对他说："你太谦虚了，你不胜任还有谁更胜任呢？"于是不容张安世推辞，在数日后下达了由他代替霍光的命令。

一个高级官僚如果不想因树大招风而被根除，还必须具备两项素质：不招权揽功，不树私恩。张安世曾经推荐过一个人任职，该人过府表示感谢，张安世却因此大恨，从此不再与此人来往。是何道理？张安世认为，举荐贤才是大臣的本分，但这是公事，大臣不应该通过这件事来树恩立党。公私分明不仅是一种良好的政治素质，也是避嫌远谤的全身之道，否则不仅会引起皇帝的警惕，也会招致同僚的忌恨。这一作风，和霍光权位鼎盛之际四处安插自己的亲信，有着天壤之别。

齐家有道

前文已经交代过张安世之兄张贺与汉宣帝的关系。汉宣帝即位时张贺已死，为表达感激之情，汉宣帝决定封张贺为侯，并调拨二百户人家为其看守坟墓。这是皇帝对张家的恩宠，张安世却以为太张扬，仍然表示推辞。因为张贺的儿子也早夭，由张安世的幼子张彭祖过继。若追封张贺为侯，那势必由张彭祖继承这个爵位，最后还是封到张安世儿子头上，所以张安世要推辞。另外，对于调拨二百户人家替他哥哥看守坟茔，张安世也觉得太多了，要求减少数额。汉宣帝宽慰张安世说："吾自为掖庭令，非为将军也！"意思是说，追封张贺为侯，是为了褒崇张贺的恩德，和是否由张安世的儿子继承爵位没关系，所以汉宣帝劝张安世不必过于推辞。但汉宣帝最后还是作了点儿让步，将看守张贺坟冢的户数减至三十，以满足张安世谦退的意愿。

南宋大诗人陆游填过一首《诉衷情》词："当年万里觅封侯，匹马戍梁州。关河梦断何处，尘暗旧貂裘。胡未灭，鬓先秋，泪空流。此生谁料，心在天山，身老沧州。"光看这首词就知道，想要封个侯有多难。大丈夫建功异域，万里封侯，自古以来是男儿梦想。很多有志向的男性一辈子就忙活这事。有忙活成的，比如投笔从戎取封侯的班超；也有忙活大半辈子仍然很失败的，比如填这首词的陆游，词意多么凄凉。无论成与不成，这个过程都非常艰辛。要是能得到皇帝恩宠，不用万里关山奔赴疆场那么辛苦就能封侯，那该多好！这当然不是理想主义，而是想不劳而获的机会主义与寄生思想。但人性惯于堕落，历史和现实中不仅有很多人是这么想的，而且也有很多人的确成功地不劳而获了。

不用付出太大的努力就被皇帝封侯这事，要让一般人摊上，肯定高兴还来不及，张安世却并不这么认为。不仅自己是侯，儿子也因为继承了哥哥张贺的爵位成侯，张安世因此睡不着觉了，不是高兴得睡不着，而是焦虑得睡不着。"张安世自以父子封侯，在位太盛，乃辞禄。"张安世尊为公侯，合法收入相当可观。既然侯爵推辞不掉，那就辞掉俸禄吧。现代社会，大家见过几个主动要求降低工资的？古人这么做的还真不少，张安世是一个，《资治通鉴》的作者司马光也曾经这么做过。张安世要求降低俸禄，汉宣帝则把他推辞掉的俸禄另外存起来，这笔钱最后居然达到数百万之巨。

与此相应，张安世平时十分朴素，只穿黑色的绨袍，不加纹饰，夫人甚至亲自纺织，家童七百人，都有手艺活儿，张家门里的人都自食其力。这和霍氏家族骄奢淫逸形成鲜明对比。结果非常富有戏剧性，张家并未因此而穷困，在财富上反而超过了霍氏。这是怎么做到的？因为人人都有手艺活儿，不仅能养活自己，还能靠这个挣钱积累财富。难能可贵的是，不管财富积累到什么程度，张氏家族始终克勤克俭，不崇尚奢华。这样的家风使其避免了重蹈霍氏因骄奢淫逸而祸败的旧辙。另一个戏剧性的效果是，张氏家族并没有因为张安世的低调谨慎、推辞高官厚禄而门庭衰弱。相反，张安世这套教育子弟的理念，这一戒惧谨慎的家风，在张家延续了好几代，使得张家几代人都没出过大问题，因此成为整个汉代延续最久、最为成功的高官家族。这又和霍氏家族权势煊赫，却在霍光去世后一世而斩形成鲜明对比。张安世的儿子张延寿、曾孙张临，在行事风格上都肖似安世。张临有句口头禅："桑、霍为我戒，岂不厚哉！"曾经的风云人物桑弘羊、霍氏家族，都在为人处世上有致命缺陷，不检点、不懂得谦退，或身遭刑戮，或身后族灭，张氏家族的人时时以此自我警醒，避免重蹈覆辙。

张安世显然是一个很有才能，且愿意积极做事的人，否则不会卷入这么核心的政治斗争。唯其身处权力结构的顶端，尚能时刻谦退自损，更为难能可贵。张安世持身齐家，一个重要的原则就是物忌太盛。在这一思想指导下，张安世身处官场忌权位过盛，修身齐家上则忌门庭太盛。权势太盛未必是好事，门庭太旺也未必是好事。张安世这一思想非常值得今人学习。与霍氏相比，张安世打造的张氏门风，在保全家族持续富贵上发挥了巨大的作用。

上善伐谋：不战而屈人

赵充国的功勋

《孙子兵法》中有一句名言："善用兵者，屈人之兵而非战也。"一般认为，百战百胜是用兵的最高境界，古今中外很难找到常胜不败的将军。中国古代的首席军事谋略家孙子却认为，善于用兵的最高境界，并非百战百胜，而是能够在不战的情况下，坐使敌人自困、自屈，以达到结束战争的目的，此所谓"不战而屈人之兵"。如何理解这一观点？有句俗话："杀敌一千，自伤八百。"通过作战取得胜利，无论最终的胜利果实多大，自身都需要付出相应代价。故唐人有诗云："一将功成万骨枯。"嗜杀成性的将军多见，仁而爱人的将军少见，每位名将的千秋功名都是平民百姓、无名小卒的累累白骨堆积而成。孙子提出"百战百胜，非善之善者也；不战而屈人之兵，善之善者也"，是在正视人类无法避免战争这一事实的同时，不忘以人为本，以回归和平为军事谋略的最终旨归。这正是孙子的伟大之处，也是孙子当得起中国古代首席军事谋略家的重要原因。

还有一点，战争是非常烧钱的事，消耗大量人力、物力，最终埋单的还是老百姓。不战而屈人，不仅减少杀戮，也能减少己方的财物损失，减省军需供应，爱惜民力。如何做到这一点？孙子说："上兵伐谋。"将领的事先筹划和谋略最重要。南宋学者罗大经在《鹤林玉露》里说，直到宋代为止，能以人为本、爱惜民力，做到不战而屈人之兵的将领只有三个人：西汉的赵充国、唐朝的王嗣忠、北宋的曹彬。我们这一讲就来谈谈汉代名将赵充国是如何做到不战而屈人之兵的。

在汉武帝大战匈奴的时代，赵充国已经崭露头角。青壮年时的赵充国，曾跟随贰师将军李广利出击匈奴，大军被匈奴包围，粮草断绝。赵充国率领数百名壮士强行冲陷匈奴阵脚，杀出一条血路，李广利率领大军紧跟其后，才完成突围。这一场恶仗，赵充国身负二十余处创伤。回朝后，汉武帝亲自验伤，赞叹良久。从此赵充国逐步成长为威震边关的名将。到汉宣帝时，匈奴曾发动十万铁骑，准备入寇汉朝边关。汉朝闻讯后，命赵充国率领四万骑兵镇守沿边郡县。匈奴一听说赵充国来后，就把军队给撤回去了，知道讨不到便宜。赵充国的威名由此可见一斑。

匈奴虽然引兵遁去，聚居在汉朝西边的羌人却给汉朝政府带来不小的麻烦。当时的羌人生活在西汉王朝西部略偏南地区，有很多不同部落，合称"诸羌"，其中先零羌是比较强大的一支。汉朝使者安国行使诸羌的时候，先零贵族试图通过安国启奏汉朝，希望能北渡湟水，到汉民不耕作的荒芜地带畜牧。湟水河是黄河上游的重要支流，发源于今天青海省境内。在当时来说，湟水以南是羌民居地，湟水以北是汉朝内属领土。因为是与游牧民族杂居的边地，所以汉人很少去那里开垦农耕，于是先零贵族就提出要到湟水以北畜牧。

安国把先零贵族的意图报告给汉朝中央政府之后，赵充国就说安国这么做要坏事。湟水以北是正式内属汉朝的领土，怎么可能开放让给先零贵族呢？这是非常原则性的问题，这个口子一开，边境民族纷纷效仿，说来就来，汉朝的国家安全就会成问题。所以安国应该当面严词拒绝先零贵族的要求，根本不该替他们转奏。作为使者，一旦替他们转奏这项请求，先零贵族就会认为这件事有一定可行性。如此，即便汉朝政府拒绝他们的请求，他们也会强行渡河畜牧。事实证明，赵充国的预测是正确的，先零贵族果然率领族人、牧群强渡湟水，给汉朝边境造成很大麻烦。这件事在说明安国这个人外交水平低、国防意识薄弱的同时，也说明赵充国的确非常熟悉边境事务。

接下来，先零贵族给汉朝政府带来了更大的麻烦。先零贵族与其他二百多名诸羌首领"解仇交质盟诅"，诸羌内部恩怨一笔勾销，各部相互交换人质，共同立盟誓约。消息一传回来，赵充国就对汉宣帝说，按照以往的经验，诸羌贵人怕是要生事。他们之间相互解仇、交换人质，达成同盟，无非是想团结在一起对付汉朝。汉宣帝就问赵充国，边境果真有警的话，派谁去应付比较合适？赵充国主动请缨。当时的赵充国已经七十多岁，汉宣帝起初嫌他太老，赵充国却坚持说："愿陛下以属老臣，勿以为忧。"汉宣帝这才笑着答应下来，把安定边关这副重担交给了年逾古稀的赵充国。

"柔"字诀用兵

战争充满着暴力，武士给人的感觉是刚强，赵充国用兵却善用"柔"字诀。我们把赵充国和之前提到的汉朝使者安国对付诸羌的手段对比一下，就能知道以柔制胜的妙处。

当汉朝知道先零与诸羌贵族有骚扰边境的打算后，先派安国巡视诸羌。根据赵充国的建议，这次行使的目的，是要阻止诸羌抱团。汉朝政府命令安国，对于诸羌首领，要分别善恶，区别对待。安国到了诸羌部落后，召见了三十多名桀骜不驯的先零贵族，认为他们是挑起祸端的罪魁，将他们悉数斩杀。接着马上纵兵攻击先零部落，斩首一千余级。

诸羌在先零的挑动下，原先有抱团对付汉朝的打算，但尚未最终实施。安国采用强硬手段，发动突然进攻，使得汉羌之间没有和平谈判的缓冲余地，也使得其他部落的羌人对汉朝产生恐惧心理。甚至于其中一些已经归降汉朝的羌人贵族，也对安国的行为产生疑虑，生怕灾难有一天降落到自己头上，纷纷叛亡。其中有一位叛亡的羌人贵族名叫杨玉，曾被汉朝封为"归义羌侯"。从"归义"两个字就可以看出，他早年是顺服汉朝的。但安国打击先零贵族的力度，使得杨玉有兔死狐悲之感，于是也叛亡了，后来还成为给汉朝制造麻烦的重要羌人贵族之一。

所以，安国实施强硬手段的效果，可谓适得其反。不仅没有阻止诸羌联合起来找汉朝的麻烦，反而加速了诸羌抱团对付汉朝的进程，坚定了他们抱团对付汉朝的决心。因为他们会觉得，再不赶紧抱团的话，就会受汉朝欺负。果然，事后不久，很多游牧部落联合起来对安国率领的部队发动了报复性打击，使得汉朝蒙受了很大损失。

赵充国受命解决西境问题时，是在安国错误处置与诸羌关系之后。祸端已经挑起，赵充国只得率领军队奔赴边疆。当赵充国的军队到达先零部落屯驻的地方，先零人毫无准备，望见汉朝大军纷纷逃窜。因为他们越界来到了湟水北岸，所以现在逃遁的唯一路径就是渡过湟水，回到南岸。逃遁之时，由于车辆、辎重堆积得很多，先零人逃生的通道非常狭窄。

面对这样的敌情，换上一般将领，这时候就会率领军队掩杀过去。赵充国却有悖常规思维，不仅没有指挥军队追杀掩袭，反而让将士们缓缓前行。有忍不住的部下建议道，趁机冲杀过去才能获得更多的战利品。赵充国却说："此穷寇不可迫也，缓之则走不顾，急之则还致死。"这些先零人几乎走投无路，唯一的生路就是挤过那些狭窄的通道，然后渡河南逃。这时候你若紧逼着他们，反倒会促使他们下置之死地而后生的决心，回过头来决一死战。就这样缓缓前进，驱赶着他们，只要他们觉得还有一线希望逃离追杀，他们就会不顾一切往前逃，人性贪生的一面就会发挥作用。但他们毫无秩序，越是想逃越是乱，自相排挤、踩踏，也根本不可能携带太多财产物资去逃命。这样汉军既不必打硬仗，又能获得大量战利品，不是更好吗？果然如赵充国所料，一团乱麻的先零人急于渡河，扔下十余万头牛马羊等牲畜以及四千辆车子，还有其他物资，根本顾不上，全成了汉军的战利品。

所谓"过刚者易折，善柔者不败"，故《老子》云："上善若水。"没有比水更为柔弱的东西，但是再刚硬的兵器也斩不断水流，这就是"柔"的妙用。比较安国和赵充国对待先零叛羌的策略，就能深刻体会其中的道理。安国的手段非常刚硬，最终适得其反，自己也吃了大亏。赵充国却用"柔"字诀，让敌自乱，轻轻松松获得这么多战利品。这个战例只是"柔"字诀的牛刀小试，赵充国的"柔"道还发挥过更重要的作用。与先零同属诸羌的，还有罕、开（音 qiān）两个部族。这两个部族追随先零人跨过湟水，越界居住、放牧，有协同先零谋汉的嫌疑。如何对待这两个部族？赵充国的建议是："捐罕、开暧昧之过，隐而勿章，先行先零之诛以震动之。"抛开罕、开两个部族不问，专问率先挑起事端的先零，以示对待胁从和主谋有不同策略。赵充国这个建议并非凭空而发。早在先零谋划叛乱的时候，罕、开两部就曾派贵族代表来告密，这说明并非所有罕、开贵族都与先零同心同德，给汉朝分化、瓦解反叛势力留下了余地。赵充国让这位代表回去宣传汉朝的政策："大兵诛有罪者，明白自别，毋取并灭。"汉朝大军只讨伐真正的叛乱者，其他人等要注意和他们划清界限，不要犯糊涂，以免最终被一起消灭。如果诸羌中其他部族成员，能帮助汉朝平定叛乱，根据功劳大小，依次有赏。

但朝廷上不少公卿大臣不以赵充国的建议为然。他们认为，先零之所以敢谋叛，除了自身兵马强壮外，还倚仗罕、开等族的协助。如果不先击破罕、开，斩断先零臂膀，恐怕事态的后续发展很难预料。汉宣帝最初倾向于朝臣的意见，另行派遣军队准备大干一番，并且下诏责备赵充国，说他率领大军在外，不趁秋季水草便利的时节，早早出击把战事了结，拖到冬季将士不耐寒冷的时候，还能掌握战场的有利形势吗？而且旷日持久，消耗国内财富和人力，这样值得吗？在诏书中，汉宣帝敦促赵充国配合汉朝派出的其他军队行动，以求速效。

所谓"将在外，君命有所不受"。赵充国不为汉宣帝的诏书所动，回复说，我今年都七十六岁了，身为上卿，位至列侯，还图些什么呢，不正是想为国家再尽一点力吗？赵充国分析，先零背叛汉朝，一定会尽力拉拢罕、开等族，此时出兵打击罕、开，先零必然派兵去救。如果先零派兵去营救的话，罕、开必然感恩先零，不是反而促使他们结成反汉同盟吗？先零正愁没有这样的机会呢。这好比下棋，高手下棋不能光看自己的棋路，还得考虑一下对手会如何应对。汉朝出击罕、开这步棋，反而可能被先零利用，造成自身被动。赵充国又说，现在秋高马肥，游牧部族骑兵强盛，汉朝出击未必获利，却帮助先零巩固了反汉同盟，如果事情朝这个方向发展下去的话，朝廷的麻烦恐怕不是几年的问题，而是十几年，甚至几十年。

赵充国的中心思想很明显，就是要孤立领头挑事的先零，瓦解诸羌内部的反汉同盟，减少汉朝的敌对力量。这次汉宣帝被说服了，同意赵充国按这一思路办事。之前罕人已经跟随先零人的步伐，越过湟水河，到汉人的农耕区居住。赵充国率领军队到达这块地方后，下令将士不得焚烧罕人聚落，也不得破坏当地的农田。罕人很高兴，觉得汉朝有和平诚意。于是主动向赵充国表示，愿意退回湟水以南。史书称："后罕竟不烦兵而下。"不费一兵一卒，解决了罕羌问题，赵充国的分化策略起到了良好的效果。以分化手段瓦解敌对阵营的统一战线，也是用柔不用刚的体现，是"柔"字诀的深化。

"静"字诀策略

接下来的重点是如何对付先零人，赵充国的策略是用"静"字诀。在之前分化瓦解策略的作用下，诸羌内部已经有万余人投降。在这种形势下，赵充国认为，汉朝大军的兵锋可以含而不露，只要起到威慑作用就可以了。羌人不同部落的贵族面对汉朝军队的压力和分化政策，意见肯定无法统一，相互拆台，内部掐架，疲敝之后自然分崩瓦解。汉朝则可以静观其变，坐收渔利。所以，赵充国决定撤掉耗资巨大的骑兵部队，让将士们开垦屯田，自食其力，减轻朝廷经济压力，然后耐着性子跟羌人耗时间。

　　然而汉宣帝和朝廷上的大臣们并不这么想。汉宣帝又给赵充国下了一道诏书，勒令赵充国主动出击，并限定在这年十二月内完成任务。赵充国的儿子赵卬也在军中，得知催促进军的诏书后，他很紧张，劝父亲千万不要固执己见，得罪皇帝。得罪了皇帝，连自身都难保，焉能顾及国家安危？赵充国却说，这是只为自身计的不忠之言，表示："吾固以死守之，明主可为忠言。"决定坚持自己的意见，并向汉宣帝申明。

　　赵充国给汉宣帝算了一笔账。他的军队每月耗费粮食十九万六千零三十斛（超过 1.1 万吨），盐一千六百九十三斛（超过 100 吨），马牛等牲口每月消耗饲料达二十五万零二百八十六斗（超过 1500 吨）。如果朝廷同意裁撤骑兵，军队留下万余人，那么每月只需耗粮二万七千三百六十三斛（少于 1700 吨），盐三百零八斛（不到 19 吨）。如果允许屯田开垦，此处可得田二千顷以上，木材等军用物资也可以因地制宜。再加上朝廷原先调拨的粮草，就够万余人支撑一年。这样算下来，这个策略可以不必增加朝廷的负担，就能把战争应付下来，更省却了发动百姓转运粮草的徭役负担。

　　如果主动出击，赵充国也算过。一支万人的骑兵，做三十日的战争打算，每位骑士还必须得另配一匹驮运粮草的马，人的口粮、马的草料，每匹马驮运的粮草在十斛以上（超过 1200 斤），再加上衣装兵器，先不说这样的负重马是否受得了，这种情况下如何追击杀敌？一旦敌人施以诱敌深入之计，转而控扼粮道，那这支队伍还有生还的可能吗？要知道，在这块地方作战，逐水草而居，能就地解决食物问题的游牧民族，比依赖农作物口粮的汉人军队更具有灵活性优势。

汉宣帝收到赵充国的汇报后，再次传下诏书，这次只问了一个问题："若依将军的计策，何时能击破叛羌，结束战争呢？"赵充国回奏说："臣闻帝王之兵，以全取胜，是以贵谋而贱战。"谋为上，战为下。赵充国又分析说，蛮夷习俗虽然和大汉不同，但避害就利、畏惧死亡的心理却相同。现在先零人在他们部落贵族的驱赶下，远离乡土，越过湟水，却又进退失据，必然离心离德。我们驻军屯田，静观其变，以待时机。虽然不能马上击破叛羌，但也为期不远了吧。同一道奏章里，赵充国又把屯田之利、出兵之弊，总结成十二条，进一步向汉宣帝申明。

战争很复杂，很难预料。所以赵充国在回答汉宣帝战争何时能结束的时候，用了个比较含糊的说法，"期月而望"，意思就是过个把月就有盼头了吧。针对赵充国这个说法，汉宣帝第三次下诏书问道："将军说个把月就能结束战争，到底是在何时？今年冬天吗？还是什么时候？一旦裁撤骑兵，叛羌聚众来攻怎么办？"

汉宣帝和朝臣们远在庙堂，前线实际情况掌握得不如赵充国精确。这些问题赵充国早就算计过，回奏说，据他调查，先零叛军精兵不过七八千人，汉军万余人分屯要害，以逸待劳，足以够用。汉军若出击，机动性不如他们游牧部落，若屯军守备，以静制动，他们前进则有难度，后退则失去反叛的意义。

等到入冬，敌众人马困乏，缺少衣食，自然瓦解。若说孤注一掷，集聚精兵来攻打，赵充国预料他们没这个能力。因为首先有已经倾向于汉朝的罕、开等其他羌族部落掣肘，其次先零叛羌的妻子儿女或在后方，或寄居在其他部落里，若被打败，这些妇幼可就成了别人的财产了。如果现在放弃坐收渔利的上策，而主动出击，则必须另外派兵固守湟水流域，徭役复兴，国家损失很大。更何况，边境还有匈奴、乌桓等更强大、更难对付的敌人。若让小小的先零部落牵扯朝廷这么大精力，万一匈奴、乌桓有警怎么办？至于皇帝问究竟何时能结束这场战争，赵充国回答说，至迟不过明年春天，敌众一定不攻自破。

赵充国每次奏章送到朝廷，汉宣帝都会让公卿大臣们博议。最初，赞同赵充国的不过百分之三十，后来就慢慢变成百分之五十，最后就变成百分之八十。说明赵充国不是空谈，的确是在有证据、有情报的情况下以理服人。而汉宣帝最终则采取了折中手段，命赵充国屯田守备的同时，命其他两位主战的将军主动出击。

至第二年五月，赵充国上奏说，叛羌军队前后总计五万余人，之前奉汉宣帝诏命，出击斩杀的叛军约七千余人，在赵充国经营下投降的羌人，前后则多达三万余人。再加上饥馑、逃亡的总计万余人，先零羌的叛军基本都瓦解了。于是经汉宣帝同意后，赵充国振旅而还。

从数据中可以看出，这次叛羌瓦解，主要是赵充国分化瓦解、坐以困之之术起到的效果。汉宣帝原先希望通过战争，在当年十二月解决问题。但战争不仅要付出昂贵的代价，胜负也很难预料。赵充国的方案，几乎不怎么费力、费钱，只不过多用了五个月时间，到次年五月把疲敝、困顿到极点的叛军悉数瓦解。哪个方案更高明，不言而喻。

任何时代都有挑事的人，如果他一挑你就动，十有八九会被他牵着鼻子走，而忘了判断对方这样的躁动究竟能支撑多久，形势最终会走向何方，精力耗尽后他们内部会发生什么变化。面对主动求战的敌人，冷静地思考这些问题很重要。这时候该知道"静"字诀的妙用，节奏要由自己控制，不能由着他人。尤其是在敌弱我强的时候，比如汉朝对阵先零，无论军队数量还是经济支撑，汉朝明显远远强过先零，此时作为强的一方，你急什么？只要卡住事态发展的势头，有耗的耐心，崩溃的一定是弱的一方。这里的"静"当然不是指真的什么都不干，该调查的，该准备的一个都不能少，甚至要比作战时更谨慎。所谓"静"的真谛，就是我有我的节奏，不轻易听别人指挥。

还要指出，除了"柔"字诀和"静"字诀，赵充国还有个"定"字诀。一旦料准敌情，制定策略，就不轻易动摇。皇帝连下三四道诏书催他进兵，赵充国都不动如山，敢于坚持自己的意见，努力说服皇帝。不仅赢得了战争，也给国家和百姓减轻了大量负担。赵充国不是不敢战，看他年轻时代所立的战功就能知道，老来的赵充国在积累了更多的军事经验之后，能不凭血气、不以杀戮为目的，为国家和人民赢得和平，这种精神更值得后人尊重。

萧望之之死：明辨明断

帝王的"仁"与"明"

司马光认为，作为一名君主，必须具备三项基本素质，即所谓"仁""明""武"。何谓帝王之"仁"？司马光说帝王之仁，并非指平日里温和慈祥，包容、姑息他人的过错，这些只是匹夫匹妇的小仁，待人的小恩惠。帝王要有德被天地的大仁，那什么是帝王的大仁？司马光说，帝王之仁，就是要"兴教化、修政治、养百姓、利万物"。这里的教化，不仅仅指教育，也包括社会风俗建设。修政治当然包括澄清吏治、加强法制、建设制度等内容。要养百姓、利万物，除了兴修教化、政治清明之外，当然还要有点儿更实际的内容，得让老百姓安居乐业，那经济发展、物质条件也得跟上。把这些内容再高度概括一下，讲得再透彻点儿，司马光所谓的帝王之仁不就是努力把国家治理好吗？

那何谓帝王之"明"？司马光认为，帝王之明并非是对什么烦琐细碎的事都知道，都了如指掌。也就是说，帝王之明不是我们平时所说的"明察秋毫"之明。如果事无巨细，一个帝王都能洞若观火、明察秋毫，这恰恰是司马光反对的。司马光反对帝王"烦苛伺察"，一天到晚弄得跟侦探一样，什么事都想知道，精力都消耗在观察分析琐碎的细节上，把自己的眼光缩短、眼界拉低、时间耗尽之后，既无眼界，也无精力去高屋建瓴地规划国家发展的宏观蓝图了。帝王之下有百官，每一样具体的事物都有具体的官员负责。具体琐碎的事务，就交给百官去处理，帝王要把眼光放远，腾出手来规划大蓝图。所以帝王之明，也要从大处着眼。

帝王之明的第一个表现，要懂得真正的治国之道，在大是大非上坚定立场。那什么是治国问题上的大是大非？随手举几个例子，比如不仅不虐使人民，还要懂得藏富于民，把时间和财富还给人民；坚决遏制官员贪腐，杜绝奢侈淫靡的生活作风。能把这些原则贯彻到治国实践当中，就是帝王之明。

帝王之明的第二个表现，就是你得清醒地意识到自己的国家现在处于什么状态。每位帝王即位时的具体情况都不相同，任何一个社会都是有矛盾、有问题的。自打有人类以来就没出现过没问题、没矛盾的社会。故帝王治国如同医生看病，要针对这个社会面临的主要问题开药方。良医之所以区别于庸医，不仅在于要把病症诊断准确，更重要的是，有时相似的病症有不同的形成原因，也有不同的后续发展，必须懂得区别对待，设计不同的治疗方案。比如，历史上每个王朝都会出现不稳定局面，盗贼四起。作为帝王和国家高级领导层成员，必须对这一状况有明确判断，到底是游手好闲、怙恶不悛之辈聚为匪徒；还是因为国家政策出现严重问题，良善百姓不能安居乐业，被迫走上这条路。针对两种不同的情况，要制定相应政策来解决问题。

帝王之明的第三个表现，对于身边官员们的忠奸愚贤要能明辨。具体的事务可以交给他们去管，不必事事插手，但对这些人本身的素质要深入了解。下文中，我把帝王之明的第二点和第三点合在一起，举个具体例子。

龚遂治渤海

汉宣帝时代，渤海郡曾发生饥荒，百姓们生计困难，朝廷救济不到位，官吏们也不懂得恤抚百姓。于是百姓中有很多性格强悍的就聚而为盗，扰乱地方。汉宣帝委派过很多官员去治理，都不见绩效，最终找到了一个名叫龚遂的官员，派他去治理。龚遂临行之前，汉宣帝问他打算如何治理渤海。龚遂反问汉宣帝："今欲使臣胜之邪，将安之也？"意思是，你是想让我去战胜这些为乱的百姓，还是想让这块地方重新安定下来，百姓重新安居乐业？中国古代把地方官称作父母官，父母官有安定地方、保护民众的责任。如果一个地方乱了，朝廷就轻易地把这块土地上的百姓定义为乱民，动辄征剿以求胜，那朝廷和百姓就不是父母和子民的关系，而是敌我关系。龚遂的这个问题非常有水平，其实是要汉宣帝表态，如何定位朝廷和百姓间的关系，是父母与子民的关系，还是敌我关系。皇帝先把这个问题讲清楚，他的治理策略根据皇帝定位的关系来制定。

汉宣帝说："那当然是要让渤海这个地方重新安定下来，百姓安居乐业啊。"龚遂说："那行，这样定位的话，你就不要着急，让我慢慢来，也不要以朝廷法令为名束缚我的手脚，请允许我根据实际情况来办事。"汉宣帝满口答应。

龚遂到达渤海郡边界，当地官吏赶紧派卫队来迎接。因为地方上比较乱，生怕出差错。龚遂让他们统统回去，单车匹马，只身前进。并且在路上就下令，所有抓捕盗贼的工作都停止。那地方治安怎么办？龚遂的命令中还有一条："诸持锄、钩、田器者皆为良民，吏毋得问；持兵者乃为贼。"所谓盗贼当中，如果是手持锄头等耕作器具的，必然是被逼无奈的良民，不得抓捕。只有那些拿着正式的兵器和政府对抗的，才是真正的盗贼，官府要追捕的对象就是这些拿正式兵器的人。到达太守府，龚遂立即下令开仓赈济饥民，派遣吏员抚恤孤弱贫寒。这套"组合拳"一打，那些啸聚为盗的贫民立即放下武器，纷纷拿起锄头、耕具，表示自己是良民。龚遂不费一兵一卒，瓦解了民间武装。

这只是治标，不能算治本。龚遂还要思考一个问题：这个地方为什么这么容易出现混乱，农业稍有歉收，百姓就会沦为盗贼？经过一段时间观察，龚遂发现这个地方平日风俗奢靡，百姓喜欢经营生意的多，勤恳务农的少。所以一旦收成不好，粮食积蓄不足，就容易引起动乱。于是龚遂身体力行，带头节俭，鼓励农桑。对那些喜欢佩带刀剑的浮华之民，都劝他们卖了刀剑去换耕牛。在龚遂的努力引导下，渤海郡的农业终于得到发展，粮食积蓄丰富，不再因为偶有灾荒就盗贼遍地。后来汉宣帝考核官员绩效，对龚遂大加赞赏，把他调入首都长安，升级重用。

在这个故事里，冲在第一线解决问题的是龚遂，但大家更要认识到汉宣帝在其中起到的作用。首先，汉宣帝能正确定位朝廷和落草百姓的关系。龚遂向汉宣帝分析，渤海问题的本质是什么？是"其民困于饥寒而吏不恤，故使陛下赤子盗弄陛下之兵于潢池中耳。"潢池是小水池，龚遂用来比喻这不是什么大问题。老百姓面临实际困难，官吏不仅不帮助他们解决问题，还欺压他们，迫使良民沦为盗寇。今日之盗寇，乃往日之赤子，如果朝廷还是把他们当赤子看待，那这个问题就很好解决。这个观点得到汉宣帝极大赞同，在官民关系上定调子，强调官民不应该是相互求胜的敌我关系。这个调子定下来之后，龚遂才能放开手脚去做。这是汉宣帝的大明，能正确认识所谓混乱现象的本质是什么。

其次，在把具体事务交给龚遂去处理之后，汉宣帝不以任何形式予以干涉，完全相信龚遂的品格与能力。事实证明，龚遂把任务完成得非常出色。在有实绩之后，汉宣帝对龚遂进行提拔奖赏，作为官员的表率。这不仅是汉宣帝的识人之明，其实也在百官中深化了官民关系不是敌我关系的理念。

汉元帝仁而无断

除了仁和明之外，帝王还有第三项素质：武。司马光说："武者，非强亢暴戾之谓也。惟道所在，断之不疑，奸不能惑，佞不能移，此人君之武也。"帝王之武不是蛮狠暴戾，而是根据道理对每件事作出准确而坚定的决断，不受奸佞迷惑、影响。历史上能做到仁、明、武"三项全能"的帝王少之又少，偏备其中一两项而缺失其余者却多见。有时候这种偏废是非常致命的。比如，帝王的决断要建立在明的基础上，决断的导向要仁爱、爱人。但有些帝王很仁厚，却不明，也就是缺乏判断是非的能力。也有些帝王，即便在一些事情上很明了，却不具备司马光所说的"武"，优柔寡断，同样会作出错误的决定，使政治变得糟糕。汉代历史上的汉元帝，就是仁而不明、明而不武的帝王典型。

从爱民的角度讲，汉元帝有很多优点。比如，他生活上倾向于节俭，待人也很宽厚。但史学家们认为，正是在这位仁爱的汉元帝统治期间，汉朝开始走下坡路。为什么呢？因为汉元帝在用人上不明，受奸佞所欺。还在很多是非明白的事情上，不能据理而断，受人牵制、摆布。所以在"明"和"武"两大素质上都出问题。

举一个具体的事例。皇帝身居宫禁之中，与外界的关系比较隔绝，所以需要有人在内外之间传递信息。历史上很多宦官能够弄权，正是因为掌握了这样的信息传递渠道。从汉宣帝后期到汉元帝时代，就有这么两名宦官，一个叫弘恭，一个叫石显。汉元帝即位以后又多病，认为宦官在朝廷上没有党援，可以信任，所以就委任石显负责传递外廷信息。外界的事想让汉元帝知道，往往需要通过石显禀告。石显就凭借这一点窃弄权柄，成为外廷官员不敢得罪的权势人物。

那个时代还有一位著名历史人物叫萧望之，是汉元帝的老师。由于具有这样的身份，萧望之在当时政坛上很有地位，也很受汉元帝信赖。尽管萧望之已经在政坛上磨砺了数十年，但难改书生本色，性格耿直，非常看不惯弘恭、石显这样的宦官专权跋扈。于是就向汉元帝提出，不能把沟通皇帝、大臣间信息这么重要的事交给一个宦官来办。萧望之说："宜罢中书宦官，应古不近刑人之义。"这里的刑人指的就是宦官，更具体地说，当然就是针对石显。宦官都是男性遭受阉割之刑后充当的，所以经常被称为刑余之人，或刀锯之余。萧望之用"刑人"这个词指代石显，从语气上就体现出士大夫对宦官的鄙视态度。认为古代圣王是不会接近这样的人的，更不会把重要的政务经由他们来传递。萧望之建议汉元帝，和政务有关的事情还是要交给士大夫来办。

除了宦官之外，萧望之还痛恨另一种人：外戚。当时的外戚主要有两家，汉元帝祖母的史氏家族和汉元帝母亲的许氏家族。萧望之认为这些人依凭裙带关系活跃在政坛上，严重影响了政治的清明，建议汉元帝对这些人的权势也要裁抑。这样一来，萧望之当然把宦官和外戚这两股势力都得罪了。而这两种人恰恰是离皇帝最近的，有的是机会在皇帝面前搬弄是非。

弘恭、石显这两个宦官果然很有心计，趁着萧望之休假的时候，唆使人告发萧望之欲对外戚家族的代表人物史高不利，谋划削夺史高的官职。从辈分上讲，史高是汉元帝奶奶的侄子，和汉元帝的父亲汉宣帝是姑表兄弟，那么汉元帝得管他叫表叔。而且史高和萧望之一样，在汉宣帝临终之前受嘱托，共同辅佐汉元帝。所以当有人告发萧望之意欲对史高不利，汉元帝当然要问明白到底是怎么回事。汉元帝不知道弘恭、石显是这起告发事件的背后主谋，还派了弘恭去问讯萧望之。

萧望之书生脑袋不知道转弯，看皇帝派人来问讯他和外戚之间关系的问题，就直接把自己平时对外戚的看法一五一十地说了，根本不知道已经有人设好了圈套等他来钻。萧望之答道："外戚在位多奢淫，欲以匡正国家，非为邪也。"萧望之说，外戚往往凭借着和皇帝的亲戚关系骄奢淫逸，他之所以对外戚有意见，是想匡正国家政治，并不是有什么邪谋。

对于萧望之这个回答，弘恭很满意。你这不就是承认有要压制外戚的想法和打算了吗？承认这一点就可以了，至于这些想法是不是"邪谋"，你萧望之自己说了不算，得取决于弘恭如何向汉元帝汇报。于是弘恭回来和石显一合计，先罗列一张和萧望之关系比较好的大臣名单，然后向汉元帝说这些人搅在一起"潜诉大臣，毁离亲戚"。萧望之和几个志同道合的大臣走得比较近，观点比较一致没有错，他们都对外戚专权有看法，也没错。只不过这件事到了弘恭、石显的嘴里，就变成萧望之等人挑拨皇帝和外戚之间关系的行为了。那么萧望之他们为什么要这么做呢？"欲以专擅权势"，他们想把外戚等其他大臣挑拨走了，自己来专权，把持朝政。顺着这一思路往下推论，弘恭、石显很自然地得出一个结论：萧望之"为臣不忠，诬上不道"。非常明显，弘恭、石显是抓住萧望之的只言片语进行片面解释，并歪曲演绎，从而给萧望之罗织罪名。

弘恭、石显建议汉元帝，对于萧望之这样的大臣，应该传唤他到廷尉那儿仔细问问，古文所谓"召致廷尉"。廷尉是秦汉时代最高的司法机构，所谓"召致廷尉"是一种含蓄的讲法，其实就是下狱。汉元帝当时刚刚即位，用今天的话讲，对业务还不是很熟悉，不知道"召致廷尉"就是下狱的意思，以为只是传唤问讯，于是就同意弘恭、石显的建议，把萧望之等人"召致廷尉"。这一下就中了弘恭、石显的圈套。他们拿着皇帝的旨意，名正言顺地把萧望之等人逮到监狱里了。而汉元帝对此却完全不知情。直到有一天，汉元帝很想见见其中几位和萧望之一起被"召致廷尉"的官员。身边的人才告诉他，没法召见，这几个都在监狱里呢！汉元帝这才知道，原来"召致廷尉"就是下狱的意思。汉元帝很吃惊，也很生气，指责弘恭、石显没把事说清楚。但事实上，根本抓不住弘恭、石显的把柄，他们建议将萧望之等人"召致廷尉"，皇帝同意了，他们只是奉旨办事，没错啊！至于皇帝不明白什么叫"召致廷尉"，那是皇帝你自己的问题。

汉元帝得知真情后，赶紧下旨释放萧望之等人。但弘恭、石显和萧望之之间的仇恨，并未因此解开。

帝师之死

之后，汉元帝曾设想任命萧望之为丞相，这当然会引起宦官和外戚势力的恐慌。弘恭、石显等人就想找机会阻止这件事。凑巧，萧望之的儿子上书讼冤，说萧望之之前被逮捕系狱，是遭弘恭等人陷害，十分冤枉。讼书呈奏之后，按程序当然要让有关部门审核复查。弘恭、石显就抓住这次机会又设了一个陷害萧望之的圈套。

他们对汉元帝说，萧望之倾轧外戚大臣，试图削夺史高官职这件事很明白，他自己供认不讳。幸得皇帝仁慈，没让他在监狱里待太久。他居然不好好悔过，还教唆儿子上书讼冤，"归非于上"。讼冤嘛，说自己冤不就等于说皇帝查他查错了吗？弘恭、石显这个解释很狡猾。本来上书讼冤，是针对他们俩的，汉元帝是受他们蒙骗。他们一解释，就变成讼冤直接针对皇帝了，因为是你皇帝画的圈。弘恭、石显又说，萧望之如此有恃无恐，不就是倚仗他曾做过皇帝老师这个身份吗？他以为皇帝始终不会真的对他下手，老让他这样有恃无恐下去，接下来怕是镇不住他。所以弘恭、石显建议汉元帝，要杀杀萧望之的威风。如何杀？就让他到监狱里稍微待会儿吧。这次弘恭、石显改变策略了，不像上次那样利用汉元帝的无知，把萧望之弄到监狱里去，而是直说要让他进监狱。当然，他们也向汉元帝再三声明，这并不是真想拿萧望之怎么样，仅仅挫挫他的锐气而已，让他别老觉得自己是对的，包括皇帝在内的其他人都是错的。

汉元帝一开始觉得，这么做不合适吧？而且他很了解他老师的性格，这位萧老师书生本色，性格向来刚烈。刚吃了官司从监狱里出来，又要把他整到监狱里去，他的自尊心受得了吗？按他一贯的脾气，要受不了很可能就自我了结了。弘恭、石显向汉元帝保证道："人命至重，望之所坐，语言薄罪，必无所忧。"蝼蚁尚且偷生，何况是人？弘恭和石显劝解汉元帝说，萧望之只不过犯了"言论罪"，没什么大不了的事，走个形式而已，不至于压迫得他非要自裁不可。

这番话又把汉元帝蒙过去了，同意有关部门查证、处理萧老师的"言论罪"。只要皇帝同意审查萧望之，不管多小的事，弘恭、石显都有办法在办理过程中把它变成大事。接下来他们立即动用京师武装力量，将萧望之的府第团团围住，这架势让萧望之误以为这次摊上大事了，不是小事。萧望之和身边的人商量该怎么办？最后，萧望之认为："年逾六十矣，老入牢狱，苟求生活，不亦鄙乎！"六十多岁的人了，一把年纪，难道还要到监狱里去受这种屈辱，苟全性命吗？于是萧望之当场喝毒药自杀了。

消息传回到宫里的时候，汉元帝正在吃饭。闻讯大惊，说道："曩固疑其不就牢狱，果然杀吾贤傅！"意思是，我早就说他性格刚烈，不肯入狱受辱，这下果然把我的好老师给害死了！汉元帝说完这话，伤心得吃不下饭，把弘恭、石显等人叫来痛责了很久。后来，终汉元帝之世，朝廷都会派人按时节去坟前吊祭萧望之。但这一切又有什么用呢？人死不可复生。从人的角度讲，汉元帝不是坏人；但从帝王素质的角度讲，汉元帝犯了不可原谅的错误。司马光批评汉元帝说："甚矣孝元之为君，易欺而难悟也！"作为一名君主，这么容易被欺骗而难以觉悟。从三大素质的角度讲，首先汉元帝不明，难以觉察身边人的奸谋，很容易被人利用。而且是一而再、再而三地被利用。其次，汉元帝无断，明知萧望之性格刚烈，再度下狱会对他造成强烈刺激，依然赋予石显等人查处萧望之的权力，果然导致萧望之自尽。这是汉元帝在明知的情况下，因缺乏刚健的性格和决断能力，所犯的错误。对待萧望之这件事如此，处理其他国家大事，汉元帝同样会犯这样的错误。

从汉元帝身上我们看到，帝王需要仁，但光有仁爱之心是不够的。汉元帝喜欢儒家学说，为人仁厚，但不明、不武，同样会导致政令不齐、国家衰弱。

陈汤功过：权衡优缺点

问题人物

古今中外都不乏这样的人物：很有才干，也有明显缺点；能建功立业，但往往以不遵守规矩为代价。这样的人物经常让领导者头疼，希望发挥他的才干，却又怕难以驾驭。如果因为他破坏了规矩而不赏他，怕打击建功立业者的积极心；如果只奖赏功劳，不追究破坏规矩的责任，又怕规章制度失效。汉元帝时代的陈汤，就属于这种让领导左右为难的"问题人物"。

陈汤曾经为汉朝立过大功。经汉武帝、昭帝、宣帝三代与匈奴的激烈战争之后，匈奴的实力被大幅度削弱，内部也产生严重分裂。重要的力量最终分化为两支：一支由呼韩邪单于率领，被称为南匈奴；一支由郅支单于率领，被称为北匈奴。汉宣帝时代，南匈奴被北匈奴打败，呼韩邪单于投靠汉朝以寻求保护。后来呼韩邪单于和汉朝结成了更为紧密的关系，汉元帝时代迎娶王昭君的，正是这位呼韩邪单于。而北匈奴则在郅支单于的率领下远遁西域。

到达西域之后的北匈奴犹如死而不僵的百足之虫，数次出击与汉朝联姻的西域大国乌孙，并勒索大宛等国，迫使多个周边国家来朝贡，在西域建立起一定的霸权。这明显损害了汉朝在西域的利益和权威。更有甚者，郅支单于还困辱、杀害汉朝使者，以极其傲慢无礼的态度对待汉朝。陈汤正是在这样的历史背景下担任西域副校尉。汉朝负责西域事务的总长官是西域都护，而西域副校尉则是西域都护的副手。当时的西域都护名叫甘延寿，陈汤以副校尉的身份辅助甘延寿。但陈汤这个人相当敢作敢为，在胆魄和行动力上大大超过长官甘延寿。史称陈汤为人"沈勇有大虑，多策略，喜奇功"。

陈汤对甘延寿说，如果让北匈奴的势力在西域这样发展下去，不仅会对西域诸国造成更大的威胁，形势也会对汉朝越来越不利。如果能发挥己方优势，联合受匈奴压迫的西域诸国，及早给予北匈奴有力打击，不仅能为国家解决一个棘手问题，也能成就自己的千秋功名。甘延寿觉得陈汤讲得很有道理，打算先奏禀朝廷，等朝廷同意后再采取行动。陈汤却说，朝廷每有大事都要和公卿商议，这样有冲劲的计划肯定不为保守的大臣们赞同。如果朝廷不赞同，这事当然也就干不成了。陈汤的意思是，不必先禀明朝廷，干了再说。

甘延寿性格比较谨慎，对于陈汤不禀朝廷、独立行动的计划感到犹豫，不敢轻易答应。这事没商量出个结果，甘延寿又病了，而且病的时间不短。陈汤果然敢作敢为，竟然抓住长官卧病的机会，假传朝廷指令，纠合了几个西域国家的军队，并联系好在西域屯田的汉朝吏士，准备向郅支单于发动进攻。甘延寿在病中闻之惊起，意欲阻止陈汤，反被陈汤按剑斥责。陈汤说："大军已经集合完毕，你难道想阻众坏事吗？"甘延寿在陈汤的胁迫下，只得配合行动。于是这两位代表朝廷处理西域事务的总长和次长，一边发兵攻伐北匈奴，一边向朝廷呈递了自我弹劾的奏章，以说明为什么要矫诏发兵。

陈汤纠合的西域、汉朝军队共四万余人，即日向郅支单于的屯驻地进发，经过一段时间行军后，在距离单于城六十里地处扎营。汉军在受匈奴压迫诸国贵族的帮助下，掌握了郅支单于的基本情况。第二天，陈汤、甘延寿就把军营向单于城推进了三十里。再过一天，又把军营推进到离单于城仅三里地的地方。

匈奴人闻知后开始登城防守，一开始还表现得无所畏惧，百余名骑兵在城下驰骋，甚至有逼近汉军营帐的意图；守城的匈奴士兵也主动向汉军邀战。陈汤、甘延寿命麾下汉、胡军士四面围城，前面排成盾牌阵，以抵御匈奴人从城上射下的羽箭，盾牌阵后面是手持戟弩进攻的将士。匈奴单于城除了中心的土城，外面还有用木头搭建的木城，进攻的汉、胡军士放火焚烧木城，引得城内大乱，纷纷外逃。在这个过程中，汉军利用先进的弓弩技术，射杀了不少匈奴人。

郅支单于刚知道汉军逼近的时候，曾试图逃走。但后来考虑了一下，知道自己在西域结怨太多，流亡道途，失去依凭，很可能被痛恨他的西域诸国截杀，所以最终还是决定坚守。单于不仅亲自披甲登城，还让几十位夫人都登上城楼，持弓与汉军对射。在兵器制造方面，汉人比匈奴先进得多，无论是弓弩还是刀戟，都比匈奴的武器精良。所以对抗了一阵之后，郅支单于被汉军射中了鼻子，而其夫人中有不少在城头就被射死了。半夜，单于的援军试图奔袭汉军营垒，没有成功，单于也就无法突围。次日，汉军鼓噪大进，攻破了单于城。郅支单于在战斗过程中，遭重创而死。汉军斩获匈奴阏氏、太子、名王等一千五百多人，可谓大获全胜。

陈汤通过这一战，铲除了汉朝在西域的心腹大患。虽然当时北匈奴的实力完全不能和匈奴鼎盛时期相比，但击杀单于，确实是卫青、霍去病等抗匈名将未曾取得过的战果。所以陈汤非常响亮地提出一句口号："犯强汉者，虽远必诛！"站在汉朝的立场来看，陈汤的确建立了千秋功业。

陈汤的功过

当陈汤击杀郅支单于的消息传回朝廷时，如何处理陈汤，却成了朝廷大臣们争论的焦点。一方面，陈汤立了大功，朝廷将郅支单于首级悬挂示众，以彰汉朝国威；另一方面，陈汤矫诏发兵，立功是以严重破坏朝廷制度为代价的。对陈汤是赏是罚，大臣们莫衷一是。

以丞相匡衡为代表的部分官员认为，陈汤不应该得到奖赏。如果这样的行为得到奖赏，那么以后在边关的将士为了邀名夺利，就会纷纷效仿，不仅败坏朝廷制度，更为国家增添边境麻烦。汉元帝内心其实挺欣赏陈汤的，但碍于丞相和其他官员的意见，不便决意行赏。

陈汤这个人除了胆大外，还有一个特点，生性贪婪，可能和小时候过于贫穷有关。在征讨北匈奴获胜后，他非法占有了很多缴获的财物，这一点又被官吏们抓住把柄，直接派人去军营验查。这样一来，陈汤立功之后不仅没得到封赏，反而受到追查。于是陈汤向汉元帝上疏，说自己为朝廷立了大功，不仅没有使者来劳问，反而派人来查，朝廷这不是在为郅支单于报仇吗？汉元帝觉得这一说也有道理，就让追查陈汤经济问题的官吏停了下来。

过了一段时间，有一位名叫刘向的官员，为陈汤打抱不平。他给汉元帝上疏说："论大功者不录小过，举大美者不疵细瑕。"陈汤立了这么大功，就不要计较他的那些小瑕疵了。郅支单于囚禁、杀害了数百名汉朝使者与吏士，使得汉朝威信大损。陛下一心想铲除这个祸患，大臣们都担心忧虑，却没有一个人能帮助朝廷解决问题。现在陈汤一击而定，斩杀郅支，一雪朝廷之耻，重新树立了汉朝在西域的权威。而且北匈奴的破灭，使得南匈奴对于汉朝更加敬畏有加，从威慑蛮夷的角度看，起到了良好效果。所以刘向认为，陈汤"立千载之功，建万世之安，群臣之勋莫大焉"。而朝廷对待这样的功臣，赏罚措置颇为乖戾。大功得不到封赏，小过错却被调查、散布，这样如何奖劝后人建功报效国家呢？因此刘向建议，对陈汤等人的过错置而不问，对他们的功劳应该重赏，以奖劝来者。

汉元帝在陈汤斩杀郅支单于的次年，将年号改为"竟宁"，意思就是说大敌已除，边境安宁。从中可以看出，汉元帝对此事的评价是非常正面的。他只是不愿意公开和丞相、大臣们唱反调，因此没有奖赏陈汤。现在有持不同意见的大臣发了声音，汉元帝就有了底气，下令封赏陈汤、甘延寿。经过和丞相匡衡等一批反对派讨价还价，最终决定封甘延寿为义成侯，陈汤为关内侯，各食邑三百户。

这位匡衡丞相看样子是和陈汤耗上了。汉元帝去世，汉成帝继位以后，陈汤又有把柄被他拿住。匡衡对汉成帝说，陈汤出使西域，不能奉公守法，贪盗西域诸国的财物，不成体统，不宜身居高位。就这样，陈汤又被罢免了。应该承认，陈汤的确有本事，在剿灭郅支单于的过程中他个人也付出了很大的代价。因为讨伐郅支是在冬天，西域的天气更加寒冷，陈汤中了寒病，后来病情严重到两个手臂不能屈伸。而陈汤为人贪婪，也的确成为当时和后世的一个话题，引来议论纷纷，可谓功过不相掩。

陈汤的才与德

到汉成帝时代，西域又出现了新问题。西域都护段会宗被与汉朝关系恶化的乌孙国军队包围。他向朝廷打报告，要求发遣驻扎在敦煌的军队前去解救。报告到了朝廷后，皇帝召集大臣们会议。大臣们各持己见，累日不决。这时就有人向汉成帝推荐陈汤，说他熟悉西域情况，可供咨询。于是汉成帝召见陈汤，问以筹策。这时的陈汤却端起了架子，说："将相九卿皆贤材通明，小臣罢癃，不足以策大事。"这意思是说，有事的时候想到我了，没事的时候就老整我。之前那个丞相匡衡不是老说我不行吗？那他们行问他们去呗，他们可都是贤才啊，找我干什么！

汉成帝说，算了，现在国家真有事，你就替国家谋划谋划吧。借机发了几句牢骚后，陈汤向汉成帝分析，说这事不必担心，也用不着兴师动众发遣敦煌戍卒。为什么呢？陈汤根据自己的经验说，汉朝有一个重要优势，那就是兵器制造工艺远远先进于西域诸国。先进到什么程度？最初，在使用兵器的情况下，西域兵五个才抵得上一名汉朝兵士的战斗力。最近西域诸国也稍稍了解了些汉朝兵器制造的窍门，改良了自身使用的兵器，但仍然需要三个西域兵才能抵得上一名汉兵。从段会宗打回来的报告看，围困他的乌孙士兵本来人数就不算太多，再按三比一的比例推算，乌孙要战胜段会宗的把握很小。段会宗看到自己被包围，比较着急，所以来求救，但只要他们勇敢作战，不要怯懦，其实这个问题他们自己有能力解决。如果从敦煌发兵，轻兵前进，一天行军五十里地，带上辎重装备的话，一天只能走三十里。等到达那里，无论段会宗胜败，战役肯定结束了。即便段会宗不敌，等敦煌的军队到的时候，那只有替他报仇了，要救他肯定是来不及的。

所以陈汤最后的结论是：第一，不必发兵，发兵也是远水解不了近渴，救不了段会宗；第二，劝成帝不必着急，段会宗应该可以靠自己的能力解决问题。成帝还是放心不下，追问陈汤，段会宗要是能了解这件事，大概什么时候能有个结果？陈汤根据自己的经验，从段会宗所报告的内容判断这批乌孙兵应该是乌合之众，作战能力不强，无法持续太久。这份报告从前线送回朝廷，需要很长时间，估计在那段时间里面，段会宗已经解决问题了。最后，陈汤非常确定地回答，事情应该已经了结了，最多五天，捷报就会送到。果然，到了第四天，段会宗的捷报就来了，他靠自己的能力解决了这一问题。

面对同样一封求救信，公卿大臣们商议累日没有结论，陈汤却能看出其中很多门道，并非常准确地作出了判断，从中可以看出陈汤这个人的经验、能力，的确是非常可贵的。但陈汤始终没有得到朝廷的重用，这就不得不谈到他的一项致命缺陷：贪婪。

比如，汉成帝母亲皇太后王政君有个同母异父的兄弟叫苟参。王太后同父的兄弟在成帝时代都封了侯，王莽作为太后的侄子，也封了侯。申请给王莽封侯的奏章就是陈汤写的。太后的兄弟中，只剩这位苟参没封侯。苟参去世后，他妻子也想效仿王莽，为自己的儿子争取封侯，于是也托请陈汤写奏章，给了陈汤五十斤金，陈汤就把钱收下了。还有一位官员贪赃，数目巨大，眼看就要下狱受审讯。一旦下狱，可能就是死罪，于是也找陈汤帮忙。陈汤就找了些理由，上奏为他讼冤。结果就把这事情拖过了冬天。因为在汉代，被处以死刑的罪犯只能在秋冬两季行刑，拖过了冬天，到春季就不可能被杀头了。然后就有可能遇上各类赦免，或通过其他途径挽救。陈汤办成这件事后，收了当事人很大一笔感谢费。

类似这样的事情，陈汤干过很多。之前丞相匡衡揪住他不放，也是事出有因，并非无理迫害他。贪婪的性格一旦养成，人的欲望就会变得无止境，就会犯致命的错误。陈汤最大的不该，是最后把主意打到皇帝头上去了。

致命的错误

陈汤有个好朋友名叫解万年，担任将作大匠（负责营造各类皇家工程）。他们两个人都是利欲熏心，想从帮汉成帝建造陵墓这件事上捞好处。当时皇帝的陵墓都建造在长安外围。在汉代前期，往往建造一位皇帝的陵墓，就要迁徙关东地区富豪的人口到这个区域，形成一个新的县级行政单位。比如长安附近的茂陵县，就是因为汉武帝陵墓所在而形成的县邑。这样做不仅能使陵墓周围不至于荒凉，更重要的是对离长安较远的关东地区实施了釜底抽薪之策，使得关东地区有能力、有财力的人都脱离故土，失去地方影响力，那么那些地区也就没有能够领导百姓反抗政府的人物了。这个政策延续了很久，到汉代后期，统治者认为地方上已经没有足够的实力和中央对抗，也就慢慢将这项政策废弛了。

陈汤和解万年就试图说服汉成帝恢复这项政策，来为自己谋利。如果在成帝陵墓边上兴造城邑，肯定要让担任将作大匠的解万年来完成任务。按照惯例来看，凡是完成这样的工作，都会受到朝廷的重赏，或是赐爵或是升职。解万年图的是这个。陈汤图什么呢？陈汤之前因为贪腐的问题，受弹劾、遭罢黜，被赶出了长安城。他想利用这个机会回长安。之前关东地区很多富豪，迫于朝廷压力不得不迁徙实陵，心里其实都不愿意。如果陈汤能说服汉成帝恢复迁徙实陵的制度，并表示愿意领头迁徙以作表率的话，他不仅有机会回到长安郊县，还有希望获得皇帝赏赐的田宅。于是陈汤就给汉成帝上疏，说："天下民不徙诸陵三十余岁矣，关东富人益众，多规良田，役使贫民，可徙初陵，以强京师，衰弱诸侯，又使中家以下得均贫富。汤愿与妻子家属徙初陵，为天下先。"

汉成帝果然听从了陈汤的计策，决定重新施行实陵制度。建造新陵邑的任务当然就派给了解万年。接下来发生了两件事，把陈汤的前途直接断送。首先，皇帝的陵墓都要高出地面好多，之前很多帝王都是因山为陵，而这次挑中建造陵邑的地方地势卑下，要人为将它堆高。解万年本来满口答应三年完成任务，但到期之后，任务根本无法完成，因此遭到大臣们的弹劾。其次，徙民实陵制度已经停止了三十年，换句话说，就是关东百姓已经安逸地生活了三十年。此时忽然重提这项制度，说又要迁徙民众了，群情骚动，舆论哗然。朝野上下都把矛头指向陈汤，有大臣认为陈汤蛊惑舆论，摇动民情，请示皇帝将他下狱按问。下狱以后，陈汤之前犯过的贪赃枉法的罪行，全都被揭发出来，因此受到严厉处罚，被发配边疆。

　　陈汤这次投机，不仅没为自己获取利益，反而让自己的人生跌至谷底。这是贪得无厌的教训。综观陈汤这个人，是有才无德的典型。因为有才，他能做出一番事业；因为无德，终究格局狭小，乃至祸败。如何看待陈汤为汉朝建立的功勋，这样矛盾的人物该不该重用？《资治通鉴》没有给出正面的答案，我们也不必事事有结论，可以留些空间，开放给大家讨论。以读《资治通鉴》的经验来判断，我想司马光不会太欣赏陈汤这样的人物。因为首先司马光强调"德"在"才"先；其次司马光极其重视纪律，陈汤虽然立功，但矫诏违常的行为不宜过于鼓励。

红颜祸水：拒绝诱惑

"寡人有好色之癖"

继汉元帝之后登极的汉成帝，是汉代历史上的第十位皇帝。《资治通鉴》对这位新皇帝的介绍非常有特色，说："上自为太子时，以好色闻；及即位，皇太后诏采良家女以备后宫。""好色"这个特点就成为汉成帝时代的一大话题，也成为《资治通鉴》批判这一时代的重要切入点。有个大家非常熟悉的成语：红颜祸水。这个成语就和汉成帝的好色有关。

一次汉成帝微服出访，到阳阿公主家里。阳阿公主夫妇当然得设宴招待，席间命府里的舞者赵飞燕舞蹈助兴。飞燕不是这位姑娘的真名，而是因为她身轻如燕，舞姿轻盈如燕飞凤舞，故而被称作"飞燕"。据说这位姑娘身材纤巧、舞姿灵活到能够在武士托起的铜盘上起舞，号称"掌上舞"。唐代大诗人杜牧写过一个名句"楚腰纤细掌中轻"，其中就用了这个典故。赵飞燕舞姿如此轻盈，除了身材纤巧外，一双脚也非常小，旋转灵活。据说她会用白布将双脚缠住，以便舞蹈。故而后世有人将中国古代妇女缠足的源头追溯至赵飞燕。其实关于赵飞燕的很多故事都属于野史，掌上舞、缠足这类故事都未必属实，所以《资治通鉴》都不予记载。真正属实的一点是，这位姑娘无论是舞姿还是长相，都很合汉成帝的胃口。汉成帝一见倾心，就将她带回后宫，宠幸无比。后来又有一个成语"燕瘦环肥"，把赵飞燕和另一位受君王万般宠爱的女人杨玉环并列在一起。和身材纤瘦的赵飞燕相比，杨玉环以体态丰满著称。两个女人，一骨感一丰满，代表两种美的类型，而且一个在汉朝，一个在唐代，分别代表两个大时代。赵飞燕进宫后，汉成帝从她口中得知她还有个妹妹叫赵合德。于是汉成帝命人把赵合德也接进宫，结果一见之下更为倾心，赵合德比她姐姐赵飞燕还漂亮，"左右见之，皆啧啧嗟赏"，凡是见到赵合德的，都是交口称赞。

可想而知，从此之后汉成帝后宫生活的内容就非常丰富，这当然影响到他处理日常朝政。白居易《长恨歌》里有这么几句："春宵苦短日高起，从此君王不早朝。承欢侍宴无闲暇，春从春游夜专夜。"虽然说的是唐明皇宠爱杨贵妃的情况，但放到汉成帝身上大概也差不多。

这一情况当然引起很多人的不满与担忧。《资治通鉴》记载了与此相关的一个故事。宫里有位年龄稍长点的女性，名叫淖方城。这位女士有点资历，据说从汉宣帝（汉成帝的祖父）

时代就开始担任披香博士（宫里的女性职官）。赵合德刚进宫见汉成帝的时候，淖方城就站在汉成帝身后。赵氏姐妹长得再漂亮，也不会对一位年长女性产生吸引力。淖方城见到赵合德之后，不仅不像男人那样啧啧称奇，反而冲她吐口水，说道："此祸水也，灭火必矣！"

淖方城这句话里头还有点学问，不把相关背景知识弄清楚的话，理解不了此话的深意。中国古代有一套非常重要的五行观念，金、木、水、火、土，谓之五行，每一行代表一种德运。古人认为，每一个王朝的兴起，都与一种德运相应，如果这个王朝衰弱了，也就意味着与它相应的德运衰弱了。人们认为，汉朝在五行当中对应的是火德，所以我们也称汉朝为"炎汉"，用"炎"字称呼汉朝，就是从火德这儿来的。就跟老百姓俗话说"一物降一物"相似，金、木、水、火、土也都有相生相克的道理。火的克星就是水。这与我们的生活经验相符，水是用来灭火的重要物质。懂了这一套，就不难理解淖方城这句话了。淖方城把赵氏姐妹看作祸败汉朝德运（火德）的克星，火的克星是水，故而称她们为"祸水"。这就是"红颜祸水"的出典。

这个故事非常有意思，但《资治通鉴》却因记载了这个故事而遭到批评。

赵飞燕与班婕妤

《资治通鉴》以严谨著称，之前提到的赵飞燕能作"掌上舞"，以及缠足之类出自野史的事迹，都不被《资治通鉴》采纳。但问题是，淖方城唾骂赵氏姐妹为"红颜祸水"的故事，同样出自野史。记载赵飞燕奇闻逸事最多的，是《飞燕外传》《西京杂记》两部野史。"红颜祸水"的故事恰恰出自《飞燕外传》，而不见载于任何一部正史。更进一步来看，用一些历史常识来判断这个故事，就会知道这个故事肯定是后人编造的，不可能是真的。

为什么呢？我们之前已经介绍了这个故事成立的前提，就是当人们认为汉朝是"火德"的时候，把赵氏姐妹比喻成"祸水"才合理。但问题是，在汉成帝时代，人们根本不具备汉朝是"火德"的认识。认为汉朝是"火德"，这个看法是在汉成帝死了以后，在两汉之际才形成的。既然人们还没有确认汉朝是"火德"，那也就不存在把赵氏姐妹比喻成灭火之水的可能性。所以这个故事肯定是后来人编造的，把后人的认知加到了当时历史背景之中。利用历史常识来判断，某个故事发生在某个时间是否合理，是历史学家常用的辨伪方法之一。因此后世很多学者就抓住这个把柄，讥议司马光，批评《资治通鉴》也有不严谨的地方。

凡碰上有人批评司马光，我都会对他说"且慢"。你确定是司马光错了，而不是我们的认识不够深入吗？"红颜祸水"的故事，司马光用了野史没错，但并不见得是司马光错了，而是另有深意在其中。司马光的深意在哪里？我们先来看赵飞燕姐妹入宫后，引发了哪些值得注意的事件。

　　在赵氏姐妹进宫之前，汉成帝的皇后姓许，和汉宣帝的许皇后是一家，是老许皇后堂兄弟的女儿。除许皇后外，还有一位班婕妤也很受宠爱。班婕妤是一位非常贤惠的女性。一次汉成帝在后宫游玩，要班婕妤和他坐同一辆车。这代表皇帝对她的宠幸，很多后宫女性求之不得，班婕妤却拒绝了这次与皇帝同乘的机会。班婕妤的拒绝理由是："观古图画，贤圣之君皆名臣在侧，三代末主乃有嬖妾。今欲同辇，得无近似之乎！"古代图画里面，与贤君圣主同乘的都是名臣。因为他们可以帮助君主处理各类复杂的事务，甚至可以纠正君主的错误，君主最需要这样的人。只有那些昏庸荒淫的末代君主，才整天和宠爱的妻妾、佞臣在一起，而远离名臣贤人。皇帝让她同乘，固然是一种宠爱，但这样的场景不是很像那些昏庸荒淫之君的所作所为吗？班婕妤觉得，这样的话，她自己不也就变成妲己一类的人物了吗？所以她拒绝了皇帝的恩宠。班婕妤出身书香门第，班家子弟都知书达理，出过不少卓有成就的人物。比如大史学家、《汉书》的作者班固，以及东汉交通西域的功臣班超，这两兄弟就是班婕妤的侄孙。

　　班婕妤虽然是汉成帝早期最宠爱的女性之一，但她却能用自己的语言、行动来劝谏汉成帝，不能因好色而忘了一位君主真正的职责。班婕妤的这种品德，也受到了汉成帝的欣赏。等赵氏姐妹入宫后，宫里的形势就变了，规矩也乱套了。这姐妹俩一进宫就开始大搞后宫斗争，为了专宠而诬告许皇后、班婕妤"挟媚道，祝诅后宫，詈及主上"。所谓"媚道"是一种独特的巫术，妇女通过这种方法祈祷神灵、诅咒竞争对手，使得某位男性专心宠爱她，而对其他女性失去兴趣。赵飞燕说，许皇后、班婕妤因为嫉妒皇帝有新的女人了，所以用这种巫术进行报复，诅咒后宫其他女性，而且诅咒语言涉及皇帝，对皇帝不利。这是一条毒计，让本来相对宁静的后宫，一片鸡飞狗跳。几个月之后，赵氏姐妹的告发发挥作用了，许皇后在她们的诬告下被废黜，打入冷宫。许皇后的亲属也受牵连，或被诛死或被流放。又过了一段时间，赵飞燕如愿以偿地被汉成帝立为皇后。

在这个案件处理的过程中，班婕妤当然也被逮去拷问。班婕妤答道："妾闻'死生有命，富贵在天'。修正尚未蒙福，为邪欲以何望？使鬼神有知，不受不臣之愬；如其无知，愬之何益？故不为也。""死生有命，富贵在天"这句话出自《论语》，意思是说很多非人力所及的事情，不必强求。班婕妤说，好好做人，以正道修行，还不见得能蒙福，更何况以邪道修行，焉有得福报之理？假使鬼神有知，定然不接受这些不道无理的请求；假使鬼神无知，那求这些又有什么用呢？所以，这样的事她是不会做的。班婕妤这番话，回答得不卑不亢，有理有节，非常符合一位知识女性的形象。说得汉成帝也为之动容，就没有再追究班婕妤。

班婕妤非常有智慧，为避免再遭赵氏姐妹算计，主动申请离开皇帝，搬到太后居住的长信宫，侍奉皇太后。一来表示不会和赵氏姐妹争宠，二来也希望得到一直比较欣赏她的皇太后的保护。

后宫政治

很多出身贫寒而品德不端的人，一旦有机会通往富贵，往往会不择手段往上爬，毫无廉耻，毫无底线。赵氏姐妹就属于这样的人。班婕妤被撵走之后，故事并没有结束。汉成帝得到赵氏姐妹后，乐于游宴，政务荒怠。出现这种情况，首先当然是汉成帝自身的问题。但由于赵氏姐妹扰乱后宫，狐媚惑主，故而人们在谈论那段历史的时候，往往也会追究她们的责任。其中最大的两件事：一是汉成帝暴崩，二是汉成帝无嗣。

绥和二年（公元前 7 年）三月的一天，汉成帝忽然暴崩，时年四十五岁。史书称："帝素强无疾病。"汉成帝平时身体很好，没有什么疾病，头一天还在接见来朝的诸侯王，处理其他政务，晚上睡下时也好好的。到第二天早上，他穿好裤袜想起来，在拿衣服的时候，忽然手一缓，衣服掉在地上，人也不能说话了，没过多久就去世了。

皇帝暴崩，舆论哗然，民间传言也闹得沸沸扬扬，众口一词指责赵氏姐妹，尤其是妹妹赵合德。因为妹妹长得更漂亮，她进宫后，姐姐赵飞燕受的宠爱大减。所以大家都觉得在诱惑汉成帝荒淫无度的问题上，赵合德负有更大的责任。于是汉成帝的母亲皇太后王氏命大司马王莽会同一些重要官员，严行查问成帝起居、发病状况。赵合德在强大的舆论压力下自杀了。

这里当然充满了古人的一些偏见。古时医疗卫生知识不发达，有些深藏的疾病未必在平时表现出来，汉成帝的暴崩可能有不为当时人所知的疾病因素。汉成帝与赵合德宣淫固然是事实，但也不能单方面指责赵合德。不过人们也能从中获取一些教训。汉成帝好色败德，我们挪后再谈。从赵合德的角度看，她费尽心思要做皇帝宠爱的女人，目的虽然达到了，最终却为此付出沉重的代价。任何用不正当手段获取的利益，都不会是免费的，用当下流行的语言讲，出来混总是要还的。而且，你获取的利益越大，付出的代价也越沉重，历史不停地向人们揭示这个道理，人们却不停地重复犯这样的错误。

皇子风波

舆论迁怒于赵氏姐妹的另一个问题，就是汉成帝无子的问题。汉成帝宠幸赵氏姐妹多年，赵氏姐妹却一直没有产子。据说汉成帝曾经和其他后宫女性产有子嗣，因遭到赵氏姐妹迫害而夭折。汉成帝在世时，赵氏姐妹贵盛无比，知情者无人敢言。汉成帝去世以后，这件事被揭发出来受到朝廷追查。

一名官员举奏，汉成帝曾和后宫许美人，以及在皇后宫中教授诗书的女官曹宫，各产有一子，但"子隐不见"，孩子被生产下来后就不知去向。经这位官员追查，侦得以下情况。曹宫在元延元年（公元前 12 年）初怀孕了，同年十月在内宫一处官舍里生下一个小孩儿。儿名宫里管事的宦官将曹宫收置于暴室狱（后宫收系犯罪妃嫔之处），责问曹宫这是谁的孩子。言下之意，怀疑这是曹宫与其他男子私通怀上的野种。曹宫的回答很简单干脆，说你们知道这是谁的孩子。言下之意，这就是汉成帝的孩子，赵氏姐妹嫉妒后宫其他女子为皇帝生子，才来诬陷她生下野种。

主事的宦官感觉这件事很棘手，不知该怎么办。其中有一个负责在皇帝贵妃身边跑腿的宦官名叫田舍，就问主管后宫暴室狱的宦官籍武："孩子死了吗？"籍武说没死。田舍很着急，说皇帝和赵昭仪（赵合德）因为这件事大发雷霆，籍武怎么还让孩子活着？赵合德发怒，当然是因为嫉妒。皇帝发怒，应该是听信了赵氏姐妹的谗言，相信这孩子是野种。籍武边叩头边哭着对田舍说："不杀儿，自知当死；杀之，亦死！"留着这孩子，定然得罪赵氏姐妹，自己没有活路。如果杀了这孩子，日后要是追查起来，自己有戕害皇子之罪，也是死路一条。总之，籍武觉得自己左右为难，横竖都是一个死。这个籍武总算天良未泯，最终决定不杀这孩子，并通过特定途径向汉成帝上疏，说："陛下未有继嗣，子无贵贱，唯留意！"皇帝既然没有其他子嗣，就别嫌这孩子母亲是不得宠的贵人了，有总比没有好。

孩子最初在几名宦官的掩护下，存活下来了。但赵氏姐妹却派人给孩子的生母曹宫送去一服毒药，逼她喝下去。曹宫临终前说道："果也欲姊弟擅天下！我儿，男也，额上有壮发，类孝元皇帝。"赵氏姐妹俩不仅想专宠，看样子还想专擅天下，不想让皇帝有子嗣。曹宫说自己养的是个男孩，额头上有天生浓发，像他爷爷孝元皇帝（汉元帝）生下时候的样子。现代遗传学中有隔代遗传或隐性遗传的说法，小孩在某些外貌特征上像爷爷的确常见。曹宫临死前说这番话，就是想以此证明自己的清白，证明这孩子的确是皇家血脉。但曹宫的死，并未能保全这孩子。数日之后，有一个年长的老宫人，号称奉皇帝旨意，把孩子领走了。这一走，小孩从此杳无音讯，不知赵氏一伙儿把他弄哪儿去了。

曹宫母子被毒害的次年，后宫另一位许美人又诞下一子。这位许美人很可能与之前被废的许皇后同族，故而更加强烈地刺痛了赵氏姐妹的神经。赵合德知道这件事后，又是自己打自己，又是拿头撞门柱，又是从床上把自己摔下来。她冲着汉成帝发脾气说："你一直跟我说除了在我这里，就是在我姐姐那里，现在许美人这个儿子是从哪儿来的？难道你又想重新立许家的人做皇后吗？你打算把我们姐妹怎么安排？算了算了，我不再待在宫里了，我要回去了。"一通胡搅蛮缠，哭着闹着不肯吃饭。汉成帝也生气，也不吃饭，说："我要有另立许氏为后的意思，还会把生儿子的事告诉你吗？我就是没有负你们姐妹的心，才会把这事告诉你，你反而闹成这个样子，真是不可理喻！"于是汉成帝立下誓约，决不立许氏，决不让其他人蹿到赵氏姐妹头上去。

在那个年代的政治规则里，皇后为天下之母范，皇子为天下之根本，都是关系重人的问题。在汉成帝、赵合德之间，像小情侣吵架一般，把这事就给定下来了。许美人生的孩子还在，这事还没算完。为了向赵合德表明不负卿的初心，汉成帝居然和赵合德一起，亲手把孩子给杀了。最后让宦官把小孩的尸体一埋了事。

《资治通鉴》为什么收录野史

后来汉成帝始终无子。在他去世后，继承皇位的汉哀帝，是汉成帝兄弟的孩子。当时或后世的人们谈起汉成帝无嗣这件事，都会归罪于赵氏姐妹。由于她们专宠、嫉妒，不仅毒害怀有身孕的后宫妃嫔，甚至毒杀已经诞生的皇子，导致汉成帝绝嗣，也使得当时的政治陷入一片混乱。

对这番情况有所了解之后，再来看前文提出的《资治通鉴》用野史的问题。"红颜祸水"这个故事的确出自野史，但汉成帝好色败德，赵氏姐妹污秽后宫，国统绝嗣，政治衰败，确是事实。司马光和他的助手，都是超一流的大学者，未必不知"红颜祸水"是有明显硬伤的野史故事，但最终还是决定将它用在《资治通鉴》里，是因为借此告诫后世皇帝不可沉湎酒色以败乱政治的意义更大。这也是紧紧围绕《资治通鉴》作为一部"皇帝教科书"所作的取舍。我一直强调，在司马光面前我们还是谦虚点儿好，不要抓住《资治通鉴》一个所谓的疏漏不放。多从司马光编纂《资治通鉴》的宏大目的考虑，我们才能真的读懂《资治通鉴》。

冰山难靠：保持独立性

贾捐之求官

中国古代，在官场上追逐权势，偷鸡不成蚀把米的事常有发生。汉朝有个官员叫贾捐之，此人说来有些来头，他的曾祖父就是大名鼎鼎的贾谊，活跃于汉文帝时代的著名人物。贾捐之在汉元帝时代担任待诏，向皇帝提供一些咨询服务，级别不算太高，但有机会接近皇帝。贾捐之在谈起国事来，颇有些见识，议论也比较深刻，因此一度得到汉元帝的信任，多次受召见，意见也常被采纳。

当时有个宦官叫石显，专门负责在皇帝和臣僚之间传递信息。这样的宦官往往炙手可热，因为他们掌握着皇帝的信息来源，很多官员想见到皇帝，得通过他们。贾捐之和很多读书人一样，很看不起这种专权跋扈的宦官，多次批评乃至于诋毁石显。后来石显就利用职权之便，从中作梗，阻挠贾捐之见皇帝，导致贾捐之在很长一段时间内升不了官。

贾捐之当然不肯善罢甘休。贾捐之有位好朋友叫杨兴，是长安县令。虽然只是个县令，但长安县是当时西汉首都下辖最重要的一个县，所以杨兴有机会进入皇帝的视线，此时他正好因为才能得到汉元帝的欣赏，经常能见到皇帝。贾捐之就想走杨兴的路子，找机会再觐见皇帝。于是就对杨兴说："最近京兆尹这个位置空缺，如果能让我见到皇帝，我肯定能说服皇帝把京兆尹的位置给你。"京兆尹是管理首都地区的首席长官，从长安县令升到京兆尹，相当今天北京一个区的区长升到北京市市长。杨兴听完之后当然很高兴，就对贾捐之说："皇帝曾当面夸奖我，说我很能干，你能在皇帝面前帮我美言，我同样能在皇帝那儿帮你升官。"杨兴还说："君房下笔，言语妙天下；使君房为尚书令，胜五鹿充宗远甚。"君房是贾捐之的字。贾捐之文笔高超为天下之冠，有这样的本事，当什么样的官最合适呢？做尚书令最合适。尚书令用今天的话说，相当于皇帝办公室主任，主掌各类文书。当时的尚书令名字叫五鹿充宗，五鹿是复姓。杨兴认为，如果能让贾捐之做尚书令，那肯定比五鹿充宗称职多了。杨兴此话的意思是，如果贾捐之能帮他得到京兆尹的位置，那他就想办法帮贾捐之得到尚书令的职位作为回报。

贾捐之听完之后十分兴奋，说："令我得代充宗，君兰为京兆。京兆郡国首，尚书百官本，天下真大治，士则不隔矣！"君兰是杨兴的字。尚书是百官之本，京兆是天下首府，要是自己来做尚书令，杨兴来做京兆尹，这个国家还愁得不到治理吗？那些有才能的人还愁没机会得到皇帝的重用吗？八字根本没一撇，两个书生就这么相互吹捧、共同幻想着，踌躇满志，像天下美官都在他们囊中似的。

　　两人一通相互吹捧之后等待着机会。贾捐之还跟往常一样，时不时地在各种场合批评石显。杨兴比他聪明，跟他说："石显现在是最能在皇帝面前来事的人，想升官可千万不能得罪他，这事你得听我的安排。"如何安排？杨兴就让贾捐之一起写奏章给皇帝，要先说石显的好话。贾捐之居然来了个一百八十度大转弯，不仅不再批评石显了，反而认认真真写了一道奏章，大肆表彰石显是个好人。奏章里说："窃见石显本山东名族，有礼义之家也。持正六年，未尝有过。明习于事，敏而疾见，出公门，入私门。宜赐爵关内侯，引其兄弟以为诸曹。"从这里就可以看出贾捐之这个人人品大有问题。一开始到处批评石显，现在为了升官又来说石显好话，而且把石显美化成公而忘私的高大上形象，说他任职六年以来没犯过什么错误，除了办公，就是回家，没有私交，从不结党营私。既然如此，那你之前批评他又是为了什么呢？最后贾捐之还建议皇帝，要给石显赐爵，提拔石显的兄弟。纵观贾捐之前后矛盾的言行，让人觉得这也是个挺无耻的人，境界似乎不比石显高。

　　很多时候我们看一个人不能光看他的言论，贾捐之就是典型的例子。事实上，石显就是个仗势弄权的宦官，很多士大夫对他有意见。有些人对他有意见是出于道义，自始至终和他做斗争，不向权势低头。但也有些人对他有意见，是出于羡慕嫉妒恨，恨不能自己取而代之。所以孔子说，若要全面看一个人，必须"听其言而观其行"，不能光听他怎么说，关键是得看他怎么干。

奏举完石显后，贾捐之又写了道举荐杨兴的奏章，把杨兴夸得是天上地下独此一位。说杨兴文才堪比董仲舒，武略赛过霍去病，又善言辞又能治民，生性耿介，公而忘私，最后恳请汉元帝让杨兴试试京兆尹的职位。前面吹这么大牛，就是为最后这句话作铺垫。

贾捐之和杨兴还是太幼稚了，以为向皇帝说了石显的好话，石显就不会阻挠他们的计划。石显不是吃素的，这种小伎俩岂能骗得了他？况且石显是汉元帝面前最红的大红人，还稀罕你一个见不到皇帝的人替他说好话吗？令贾捐之、杨兴想象不到的是，石显不仅没有领他们的情，反而反戈一击，要利用这次机会搞掉他们。石显打听到贾捐之和杨兴之间的交易（即相互期许在皇帝面前替对方说好话以求美官），立即向皇帝举报，说他们暗地里兴风作浪。汉元帝派人追查，最后办案官员的结论是，贾捐之与杨兴"怀诈伪，更相荐誉，欲得大位，罔上不道"。贾捐之遭弃市之刑，也就是斩首于市；杨兴被削夺官制，贬为刑徒。贾捐之、杨兴"求福得祸"的根本原因，在于想通过不正当手段获取不正当的利益。既然手段和目的都不正当，当然容易落下把柄遭人打击。

朱博与傅喜

汉代还有个叫朱博的官员，活跃在汉成帝、汉哀帝时代，年代晚于贾捐之。但在官场上追逐权势，抱错"大腿"，最终引来杀身之祸，与贾捐之殊途同归。与贾捐之不同的是，朱博出身贫寒，却颇有才干，从最基层的缉捕队长开始做起，一路受长官青睐。而且交友有方，因为成长和当差的地方靠近首都，所以能抓住一些机会认识了几位著名官二代。而且和他们交往的时候，朱博表现得相当义气。其中有位名叫陈咸的官二代，是御史大夫（相当于副丞相）陈延年之子，因说话不谨慎，泄露宫禁中牵涉到皇帝的语言，被捕下狱。朱博辞掉公职，特意跑到监狱里去看他，还替他挨了数百下拷打，以此帮陈咸免了死罪，把他从监狱里救了出来。陈咸当然对朱博感恩戴德。从此，朱博就顺着陈咸这根杆子一路往上爬，从低级武吏做到中级文官，再做到高级官员。虽然朱博很有能力，很有心计，也吃得起苦头，但史家总结朱博的为人，说他轻视道德，喜欢行诈。这样的行事风格，迟早是要败掉的。

朱博官运亨通，到汉哀帝的时候，已经做到了丞相。丞相是百官之首，对于一个贫苦出身的人来说，已经没有上升空间了，再要往上走，那就不是光凭能力可以达到的了。照道理来说，朱博该知足了吧。大概是因为从底层拼搏上来的人，始终缺乏安全感，所以即使做到了丞相，朱博还是想方设法要和真正的朝中权贵结成更为巩固的同盟。朱博想抱谁的"大腿"呢？他挑中了汉哀帝的祖母傅太后。照道理来说，这条"大腿"是很安全的，皇帝的亲祖母，还能有什么问题？但就在"抱大腿"的过程中，出事了。

先交代一下傅太后的背景。汉哀帝的祖父是汉元帝，汉元帝的皇后是汉成帝刘骜的母亲王政君。傅太后则是汉元帝的一位妃嫔，也为汉元帝生过一个儿子。等于说汉哀帝是汉成帝的侄子，汉成帝去世的时候没留下子嗣，就由这位侄子继承了皇位。汉哀帝即位后，王政君因为是当年汉元帝正配的皇后，所以是名正言顺的太皇太后。而傅太后虽然是汉哀帝的亲祖母，但她当年只是汉元帝的妃嫔，地位在王政君之下，按规矩不能和王政君平起平坐。傅太后却是个相当有权势欲，又相当跋扈的人，不甘屈居王政君之下，非得要求一个尊号名分，以便于和王政君能平起平坐。从当时的法度讲，这么做不合礼法，破坏祖制，有几位高级官员表示反对。其中有一位名叫傅喜，是傅太后的堂兄弟。这个人做事比较讲原则，尽管和傅太后是亲戚，但并不认同傅太后的做法。汉哀帝夹在中间很为难，一面是祖母的权威，一面是大臣的公论。最终，无奈的汉哀帝还是不得不倾向老祖母，先免了另一位大臣的官职，希望以此触动傅喜，让傅喜也稍微配合一下，满足傅太后的诉求就算了。谁知傅喜守道不移，不为所动。

正在这时候，朱博出现了。朱博当时刚接任京兆尹，希望结交权贵，继续往上爬。于是就和傅太后的另一位堂弟傅宴联手，主动出面打击傅喜，为傅太后争取尊号，多次在汉哀帝面前诋毁傅喜。最终汉哀帝罢免了傅喜，将祖母傅太后尊为"帝太太后"，和王政君这位"太皇太后"并称。

傅喜遭罢免，尊号也得到了，照理来说傅太后该满足了吧？她却还是不舒坦，对傅喜怨恨不已，所以很想再找机会把这位堂兄弟彻底整垮。过了段时间，又想到找朱博这把枪来使使。她就让傅宴传话给朱博，说傅喜光罢个官还不够，应该顺带把他的侯爵也夺了。这时候的朱博已经是丞相了，自身的分量已经很足，但他为了紧紧巴结住傅太后这股势力，居然答应出面再次弹劾傅喜。另外一位官员提醒他，说这事之前皇帝已经有决断，免了傅喜的官，戏也该收场了。现在旧话重提，一定要把傅喜往死里整，道理上本身就不对，而且还显得对皇帝之前的决定不服帖，这么做合适吗？朱博回答说："已许孔乡侯矣。匹夫相要，尚相得死，何况至尊！博唯有死耳。"孔乡侯就是替傅太后来传话的傅宴。朱博说这事他已经答应傅宴了，就必须办到。匹夫之间有所允诺，尚且要不顾性命，更何况现在是帮"至尊"办事呢？"至尊"指的就是傅太后。

朱博这番话，充满着一个出身于底层社会人物的江湖气。身为大臣，没有大是大非的原则立场，不分辨什么是对什么是错，只讲究拉帮结派的义气，哪有大臣之体！注释《资治通鉴》的胡三省对朱博的这番话评论道："大臣以道事君，而博以死奉私属，贪权藉势之心为之也。"胡三省提醒大家，不要被"唯有死耳"这样表面上豪气的话所欺骗，朱博的行事立场完全是错误的。古人强调"以道事君"，君不是某个人，而是这个国家的象征。当君主个人行为失当的时候，大臣要敢于反对，才是"以道事君"的表现。对皇帝来说，权力都不是属于他个人的，更何况那些想借助他的权威、地位获得好处的人？像傅太后这样，凭借自己是皇帝的祖母，强行索取她本不该有的地位，并打击报复能秉持公论的大臣，当然是对政治原则的巨大破坏，是企图把皇权私有化的典型表现。朱博身为丞相，对于国家该如何合理运转的基本原则毫无认识，把高官厚禄当作私人利益交换的砝码，当然是一种极端错误的做法。所以胡三省点出朱博这些行为背后真正的心理动机是"贪权藉势"，而不是什么义气。

朱博再次弹劾傅喜的奏章呈上后，汉哀帝果然大怒。汉哀帝知道傅太后一直怨恨傅喜，所以朱博的奏章上来后，他就怀疑这是傅太后在幕后指使。汉哀帝碍于祖孙情面，已经对老祖母作了让步。但老祖母这样不依不饶，继续借助党羽力量打击有声望的大臣，使得汉哀帝下定决心，在这件事上不再作任何让步。于是传令审讯朱博，以及其他几位联名弹奏傅喜的臣僚，问他们是不是受了傅太后指使才这么干的。其中一位官员供认不讳。于是汉哀帝派人持节，传诏朱博诣廷尉，也就是要逮他下狱。朱博一看形势不对，为避免入狱受辱，就自杀了。朱博最终为自己的权势欲，付出了生命的代价。这又是一个在政治上只攀附权贵，不分是非的惨痛教训。

反观傅喜，他是傅太后的堂兄弟，本来更有机会巴结傅太后来巩固权势，但他却没有选择这么做，而是选择坚持己见，坚持公论。虽然当时受到傅太后的打压，但公道不亏，和为巴结傅太后而招来杀身之祸的朱博相比，傅喜赢得了当时人和后来人的尊重，得以寿终正寝。即便在王莽执政以后，也称赞傅喜"岁寒，然后知松柏之后凋也"，对傅喜的人格表示景仰。所以史家称赞他"守节不倾，亦蒙后凋之赏"。傅太后的另一位堂兄弟，也就是伙同朱博陷害傅喜的傅宴，却因卑劣的人品遭到王莽的鄙视，被翻出旧账，全家发配边远地区。是追逐眼前的权势利益，还是执守正义，行道不疑？从长远来看，哪个是安身立命更好的选择，从朱博和傅喜的人生经历中，不难作出判断。

冰山难靠

古代官场上也并不全是权欲熏心、头脑发昏的人物，也有始终保持清醒的。举一个跟之前几位历史人物表现相反的例子。唐玄宗时代有个人物叫杨国忠，大家都很熟悉。他是贵妃杨玉环的堂兄。杨贵妃得唐玄宗宠爱，杨家门里鸡犬升天，杨国忠也扶摇直上。这个年轻时只会喝酒赌博、遭族人唾弃的无赖之徒，最后居然能做到宰相。这就是中国古代皇权政治最大的问题，往往分不清权力的公和私。

杨国忠做到宰相的时候，身兼四十余个使职，不禁让人感慨，貌似天下的官让他一个人做尽了。权势煊赫的杨国忠，平时非常盛气凌人，史称："公卿以下，颐指气使，莫不震慑……台省官有才行时名，不为己用者，皆出之。"对待公卿大臣这些高级的官僚都是颐指气使，那对待小人物的态度更是可想而知了。官员中有才能、有名望，却不能为他所用的，一概贬黜。

当时有个进士叫张彖，陕州（今河南三门峡）人。唐代时，并不是一中进士就能当官，从中进士到入仕，还有个复杂的过程，也得看有没有合适的岗位。有人对张彖说："你赶紧去拜见杨国忠，只要巴结上杨相爷，可以富贵立至！"张彖却回答说："君辈倚杨右相如泰山，吾以为冰山耳！若皎日既出，君辈得无失所恃乎！"张彖的意思是，这些人找杨国忠做靠山，以为杨国忠的地位稳若泰山，但在他看来，杨国忠不过一座冰山而已，太阳出来之后，随时有可能倒塌。到时候这些人去靠谁？于是张彖归隐嵩山，既然不走杨国忠的门路当不了官，张彖就干脆不当官了。

这个故事出自一部唐末五代人撰写的笔记小说《开元天宝遗事》。开元、天宝都是唐玄宗的年号，这是一部专门采择唐玄宗时代遗闻逸事的笔记小说。针对司马光在《资治通鉴》中引用这个故事，后世有学者提出了批评。野史笔记中的故事未必靠得住，《资治通鉴》作为一部正规的史学著作，援引野史笔记，似乎有失严谨。

看《资治通鉴》不能老挑这些小毛病，更应该把握它思想的精髓。这个故事有道理吗？能说明问题吗？安史之乱爆发后，杨国忠跟随唐玄宗逃亡西南。半路上，情绪激愤的将士认为杨国忠是误国误民的罪魁祸首，将杨国忠刺杀斩首。一路紧跟杨国忠的人，到这时候会是什么下场？从这个角度看，把杨国忠比作冰山不对吗？太对了！如果真有张彖这样不屑于巴结杨国忠的人，杨国忠得势时虽然没有吃香喝辣的份儿，在杨国忠失势时也不必陪着他赴枉死城。与一时的享乐相比，总还是性命重要吧。张彖不依冰山的故事很深刻地说明了这个道理，至于这个故事出自正史还是野史，相对来说就不那么重要了。

第三卷

把握规律：何以待人

傅商封侯：公私分明

傅商封侯

　　天下为公的道理，古人早就在讲。但在皇权时代，却很难做到。在掌握权力这件事上，也经常出现"一人得道，鸡犬升天"的现象。汉哀帝以藩王入继大统，登基以后，身边的三亲四戚，很多都想从皇权那里分得一杯羹。因此多次出现封官、封侯不以贤能，而因亲戚关系的现象，使得在汉成帝时已经被严重破坏的朝廷法度，进一步遭到破坏。

　　汉哀帝的老祖母傅太后是个非常强势的人，性格上和柔弱的太皇太后王政君完全不同，但两位老妇在缺乏治国远见这点上，完全一致。她们都以为自己身份高贵了，就一定要让兄弟、亲戚们都来同享富贵，以这套浅俗的家族利益观念搅乱国家治理的正常秩序。

　　傅太后有位堂兄弟，名叫傅商。为了照顾祖母的家族，汉哀帝想给他封侯。但这件事遭到朝廷上正直大臣的抵制。其中有位名叫郑崇的大臣对汉哀帝说："孝成皇帝封亲舅五侯，天为赤黄，昼昏，日中有黑气。孔乡侯，皇后父，高武侯以三公封，尚有因缘。今无故复欲封商，坏乱制度，逆天人之心，非傅氏之福也！臣愿以身命当国咎！"郑崇这段话可以分两个层次来理解。首先，郑崇引证了一个历史教训，汉成帝曾在一天之内连封了五位舅舅为侯。封侯没有其他任何理由，仅仅因为他们都是皇帝的舅舅。这破坏了只有为国家作出具体贡献的人才能封侯的规矩，所以惹来天怒。郑崇描述那天的天象，大白天的忽然变得十分昏暗，隐约还能看到太阳里面有黑气。古人对自然的认识有限，对皇权进行约束的手段也有限，所以经常利用反常的自然现象来警告皇帝，建立了以"天人感应"学说为基础的政治哲学，认为自然界的一切反常现象，都是由皇帝不恰当的行为引起的。每当出现反常自然现象的时候，大臣们都会给皇帝提意见，指出这种反常是由他某个错误的决定导致的，希望皇帝能尊重天意，改过自新。郑崇在这里引证的内容，也是这个性质，表明汉成帝这么做是错误的，提醒汉哀帝不能犯同样的错误，否则也会遭来天谴。

　　然后郑崇又指出，傅氏家族封侯的已经有两人，一位是孔乡侯傅晏，一位是高武侯傅喜。傅晏封侯，因为他是皇后的父亲；傅喜封侯，因为他曾担任过三公这样的高官，为国家作出过贡献。这倒都还有道理可讲、有传统可循，但不能因为皇帝奶奶姓傅的原因，把傅家男性成员都封了侯啊！但凡舅舅就要封侯，已经是汉成帝坏规矩的做法了，不值得效法，若是跟皇家沾亲带故的都要封侯，更是坏规矩。傅商只是傅太后的堂兄弟，等于是汉哀帝的堂舅爷，连舅舅都不是。所以郑崇最后说，傅商无故封侯，不仅不是国家之福，甚至不是傅氏之福。为什么？别人为国家贡献一辈子都不一定能封侯，傅家的人就因为这点亲戚关系就能这么多人封侯，多遭人恨啊！真有万年不倒的贵族家庭吗？古今中外都没有。郑崇最后一句话，是表示不惜牺牲自己的性命，也要阻止汉哀帝的这项乱命，维护朝廷制度。

郑崇这番话相当有道理，也表现出一位正直大臣敢于说实话、拒乱命的勇气。但传到傅太后那里后，老太太闻讯大怒，说道："何有为天子乃反为一臣所颛制邪！"傅太后这句话的前提就是错误的，她说哪有皇帝想办办不了的事？皇帝还要看大臣脸色，受大臣制约吗？这话的前提，就是认为天下国家是皇帝的，皇帝应该说什么算什么。这就是古代皇权政治最大的问题，因为皇帝处于权力等级的顶端，人们总误以为天下是属于皇帝个人的，可以一切由他说了算。这是非常糟糕却又无法避免的一种认识。傅太后的话正体现出这种短视。而汉哀帝的天平也倾向了老祖母，不顾大臣的反对，下诏封傅商为汝昌侯。

贤臣遭黜

与此相反，真正能奉公执法的贤臣，却遭到汉哀帝的贬黜。当时有位官员名叫毋将隆，毋将是复姓。汉哀帝曾经把国家武库里的兵器送给他的男宠董贤和乳母家，让他们用于保护自己的宅院。因为毋将隆的官职是执金吾，负责率领禁军保卫京城和皇宫，所以这个问题他有发言权。于是就对汉哀帝说：

"武库兵器，天下公用。国家武备，缮治造作，皆度大司农钱。大司农钱，自乘舆不以给共养；共养劳赐，一出少府。盖不以本臧给末用，不以民力共浮费，别公私、示正路也……今贤等便僻弄臣，私恩微妾，而以天下公用给其私门，契国威器，共其家备，民力分于弄臣，武兵设于微妾，建立非宜，以广骄僭，非所以示四方也。"

毋将隆这段话牵涉到一个知识点，汉代的制度，国家财政和皇室财政是分得很清楚的。国家财政的性质是公，由政府部门中的大司农主管；皇家财政的性质是私，由专门负责皇家收入支出的少府掌管。两者不可混淆，皇帝不能因为个人原因擅自动用国家财库里的钱。不要说赏赐亲戚宠臣不能动用国家财政，哪怕是皇帝自己乘的车，财政来源都有讲究。只有当皇帝代表国家有所行动的时候，比如亲自率军征讨，那么他乘的车可以由国库拨款。如果皇帝是巡行出游，所乘车的费用就必须由少府承担，不能挪用国库经费。为什么要区分得这么清楚？因为国家财政的钱，都是从老百姓那儿收来的税，老百姓的钱要确保花在国家建设和安全防卫上，不能乱花，所以要制定这么严格的制度。这就是毋将隆所说的："不以民力共浮费，别公私、示正路也。"

　　毋将隆又说，武库里的兵器，都是由大司农出钱置办，是用于维护国家安全的。大司农的钱，连皇帝都不能乱花，由国家财政出资置办的武器，怎么可以随便拿来赏赐宠臣私妾呢？这么做岂不是公私混淆了？又如何能让天下人心服呢？这话当然非常有道理，汉哀帝听完之后却非常不高兴。过不久又出了件事。傅太后让人从毋将隆掌管的禁军里买了几个供杂役的官婢（隶属于官方的女奴），却仗着势力贱买，不肯给足全额。毋将隆又出面说话了，要求傅太后公事公办，把买奴婢的金额补足了。汉哀帝知道后非常生气，冲着毋将隆旧账新账一起算，反而指斥毋将隆说："与永信宫争贵贱之价，伤化失俗。"永信宫是傅太后居住的地方。皇帝公物私用，太后仗势贱买奴婢，伤化败俗的明明是皇家，汉哀帝反倒把这罪名扣到正义执言的毋将隆头上。

　　好在毋将隆曾对汉哀帝有恩，所以汉哀帝处罚他的时候还没有下太重的手。当年汉成帝没有子嗣，是毋将隆建议汉成帝把那时还是藩王的汉哀帝征召到京师，作为国本。万一汉成帝不幸过世而仍无子嗣，汉哀帝的存在就可以确保皇位传递过程中的稳定性。念在这点情谊上，汉哀帝总算没有杀毋将隆，而是将他降级贬黜到地方上。

　　汉哀帝和傅太后的做法，当然使得朝廷纲纪涣散、法度全无。这样的理念，怎能把国家治理好？当时有一位名叫鲍宣的名儒就看不下去了，直接上了道奏章批评汉哀帝的不是。鲍宣说："窃见孝成皇帝时，外亲持权，人人牵引所私以充塞朝廷，妨贤人路，浊乱天下，奢泰亡度，穷困百姓。是以日食且十，彗星四起。危亡之征，陛下所亲见也；今奈何反复剧于前乎！"鲍宣这番话和之前郑崇的发言角度很一致，都是以汉成帝时代混乱的天象作为切入点。在鲍宣的描述中，汉成帝时代日食多达十次，彗星出现了四次。古人认为日食是非常严重的天谴，彗星也是不祥的征兆。这么频繁的天变，暗示着汉朝已经到了危亡之际。而招致这些天变的原因是什么？鲍宣说，就是因为汉成帝时代外戚秉政，不顾公议，任用私人，把沾亲带故的都塞到朝廷的重要位置上，而贤能的人却被排斥出朝廷，国家治理一片混乱。对汉成帝时代的批评，当然是希望汉哀帝上台后，对这种现象有所改正。事实证明，汉哀帝不仅没有改正汉成帝时代的错误，反而把原先这种以私恩治国的错误发挥得更厉害。

鲍宣在奏章中也提到了封傅商为侯一事，他说："汝昌侯傅商，亡功而封。夫官爵非陛下之官爵，乃天下之官爵也。陛下取非其官，官非其人，而望天说民服，岂不难哉！""夫官爵非陛下之官爵，乃天下之官爵"，这句话振聋发聩啊！官爵是用来授予天下贤能之士，共同治理天下的，不是供帝王赏赐私宠的。两千多年前的中国古人，就已经有了这样的认识，令人敬佩。但皇权政治下，终难避免帝王混淆公私，化公为私的倾向。故而才出现汉哀帝这样"取非其官，官非其人"的现象。汉哀帝、傅太后和他们的私宠享受权力盛宴的时候并没有意识到，这样难服人心的做法，终将使这个王朝一步步走向颠覆的深渊，不可挽回。

"帝太太后"

在中国古代，有皇太后，有太皇太后。这些名词大家都熟悉，皇太后指皇帝的母亲（不一定是亲生母亲，一般是先帝的正配皇后），太皇太后指皇帝的祖母（也不一定是亲祖母，一般是皇祖的正配皇后）。但在汉代历史上出现过一位"帝太太后"，这个名词在当时很新鲜，不熟悉历史的朋友也会感到陌生。如果不了解背景，读史书看到"帝太太后"，甚至会怀疑是不是书本印错了，哪有这种叫法？其实汉代的这位"帝太太后"就是汉哀帝的祖母傅太后。她为什么会有这么一个奇怪的称号？这里有段故事。

汉成帝没有子嗣，后期商量皇位继承人的时候，有两位热门人选：一位是汉成帝的弟弟、中山王刘兴；一位是汉成帝的侄子、定陶王刘欣。定陶王刘欣也就是后来的汉哀帝。刘欣之所以能在这场角逐中胜出，他的祖母傅太后起到了非常关键的作用。傅太后知道哪些人在汉成帝面前说话管用，于是花大量钱财贿赂了两个人，一个是成帝最宠爱的后宫女性昭仪赵合德，另一个是成帝的舅舅骠骑将军王根。在这两人的鼎力相助之下，刘欣最终成为太子，并于成帝去世后顺利继位。

所以孙子即位之后，傅太后当然想要为当初自己的付出获取回报。当年之所以找赵合德、王根走后门，就是因为他们和汉成帝私人关系密切，假借私人关系分享皇权带来的利益，从中就可以看出当时政坛形态和傅太后对于权力关系的理解。在她看来，权力属于掌权的那个人，所以跟这个掌权人有关系的人都可以来共同分享。汉哀帝即位后，最高掌权人是她孙子，以傅太后的见识，首先考虑的当然同样是私人通过这些权力可以获取哪些利益。

汉哀帝时代，傅太后除了积极为亲属谋求官爵利禄外，最处心积虑想要的，莫过于要为自己正"太皇太后"之名。问题是当时汉成帝的母亲王政君还在，她是汉哀帝的祖父汉元帝原配皇后，是名正言顺的太皇太后。傅太后虽然是汉哀帝的亲祖母，但只是汉元帝的昭仪，在讲究身份等级的古代社会，怎么可能和正宗的太皇太后平起平坐呢？

哀帝即位不久，有一次在宫里设宴席，由宦官负责陈设座席。宦官也是考虑到傅太后是皇帝的亲祖母，专门为她在太皇太后王政君身边设了一个规格相等的座席。当日负责监工的大司马王莽看到这一状况后大怒，训斥负责宦官道："定陶太后，藩妾，何以得与至尊并！"定陶太后指的就是傅太后，因为她儿子以及孙子都曾经是定陶王，所以被称作定陶太后。而至尊当然是指王政君。"并"指平排、并列，王莽说傅太后只是藩妾，从皇室身份来讲，不是正统，怎么能和代表皇室正统的太皇太后比肩而坐呢？所以令人将座席撤去，另外降低规格为傅太后设了个座。傅太后闻讯大怒，拒绝赴会。

虽然王莽是王政君的侄子，这里有维护自己姑母地位的意思在里面。但王莽这里争的是古人最重视的名分和礼节，以当时的社会、政治秩序为准则来看，并没有错。傅太后试图与王政君平起平坐的企求的确是非分的。但傅太后这番受挫后，并未善罢甘休，而是给足汉哀帝压力，要他为自己取得不低于王政君的名分。汉哀帝无奈，只好无视很多朝廷规章仪制，给予这位老祖母"帝太太后"的称号，以表示她可以和太皇太后平起平坐。过了段时间，又把傅太后的尊号改为"皇太太后"。那就跟王政君的太皇太后更接近了，四个字都一样，只是次序不同。宋代学者苏辙评论这段历史道："既而傅太后侵侮王后，僭窃名号，始失天下心。"更有意思的是，当时除了王政君、傅太后两位祖母级的太后外，还另有两位妈妈级的太后。一位是汉成帝的皇后赵飞燕，称赵太后；还有一位就是汉哀帝的生母丁姬，称"帝太后"。后宫一时四位太后并存，从这里就可以窥见当时政治、礼法的紊乱。

之前的事还可以说是由于傅太后为人强势而短见识，汉哀帝为尽孝而顺从其意。但当傅太后去世之后，汉哀帝所做的不当安排，就只能由他自己负责了。傅太后去世后，汉哀帝居然把她合葬到汉元帝的渭陵，追尊为"孝元傅皇后"。汉代制度，只有帝后才能同陵合葬。傅太后本是侧妃，况且正后王政君还健在，把傅太后追尊为"孝元傅皇后"，并将她与汉元帝合葬，置王政君于何地呢？这都是汉哀帝只顾私恩而不顾礼法大义的做法。王政君看到自己在后宫的地位岌岌可危，才会更依赖以母家的势力来为保护自己。王莽势力能够坐大，除了王政君同样只顾私利没有政治远见外，汉哀帝和傅太后的反激也起到了很大作用。故史家说，汉哀帝的这一做法"宜其启王莽而授之以柄也"。

公权与私权

古时候，由于物质条件和管理手段有限，人们不得不采取君主政治的形式进行统治。诚如司马光所说："天生烝民，其势不能自治，必相与戴君以治之。"但从个人能力的角度讲，并不意味着在君主位置上的那个人，一定能出类拔萃。很多时候，君主只不过是经过相关筛选程序被放到位置上去的。所以司马光又说："夫以四海之广，兆民之众，受制于一人，虽有绝伦之力，高世之智，莫不奔走而服役者，岂非以礼为之纪纲哉！"司马光说，应该看到，在被君主统治的群体中，不乏拥有"绝伦之力、高世之智"的英才，然而他们不得不受制于"一人"（也就是君主），并不是因为君主更具有"绝伦之力、高世之智"，而是因为人类社会需要秩序，君主是被推选出来维护这个秩序的代表。君主处于秩序的顶端，手里握有权力，这权力并不属于他个人，并不意味着这权力要为满足他的私欲服务，而应将之运用于维护人类社会的合理秩序。古人虽然处于等级社会中，但人们早已认识到，一个合理的社会秩序，应该让处于不同等级中的人都得到该得到的权益。也就是说，一个合理的社会秩序，必须包含公正、公平的内容。这也就要求君主的权力是为公，而不是为私。

因此，在中国古代典籍中，有这么一段非常著名的话：

"大道之行也，天下为公，选贤与能，讲信修睦。故人不独亲其亲，不独子其子。使老有所终，壮有所用，幼有所长，鳏寡孤独废疾者皆有所养，男有分，女有归。货恶其弃于地也，不必藏于己；力恶其不出于身也，不必为己。是故谋闭而不兴，盗窃乱贼而不作，故外户而不闭，是谓大同。"古人对于大同社会的定义，最基本的一条就是要做到"天下为公"。

在汉朝历史上，外戚辅政是一个非常明显的政治特征，汉武帝以后，这个特征尤其突出。外戚因为与皇帝有姻亲关系，被认为是靠得住的力量。由外戚辅政的本意，就是想借助这种靠得住的力量来巩固、加强皇权。但这一制度设计，是建立在最高权力属于皇家私有这一观念之上的，体现出狭隘、不够开放的权力观。这一观念演变到后来越来越狭隘，权力被认为属于皇帝个人，甚至可以避开外戚家族，寻找那些皇帝个人宠信或是觉得靠得住的人，与他们分享权力。这样一种狭隘闭塞的权力观念，必然导致权益分配不公，扰乱社会秩序的合理结构。每当王朝发展到这一步，离灭亡也就不远了。西汉王朝成帝、哀帝时代，正是典型的权力封闭、私有化的时代，也是预示着西汉必然灭亡的时代。

汉成帝时代，诸舅王氏兄弟辅政，形成政在私门的不良现象。汉哀帝上台后，试图对这一现象加以改变。故史称："帝睹孝成之世禄去王室，及即位，屡诛大臣，欲强主威以则武、宣。"他要效仿汉武帝、汉宣帝那样强势帝王的做法，通过诛杀大臣来确立皇帝的权威。汉哀帝显然没有认清当时严重的政治腐化归因于权力的私有化，当然也就不会通过调整统治结构、向士大夫阶层开放权力来挽救汉朝政治，而是简单地认为将权力从王氏家族手中收回，杜绝王氏专权即可，没有在观念上辨清权力的"公""私"性质，因此出现了比王氏专权更为糟糕的现象。故而《资治通鉴》接着评论道："然而宠信谗谄，憎疾忠直，汉业由是遂衰。"仅从外戚家族挑选辅政大臣，固然代表着权力的封闭性和狭隘化，但至少还剩一个标准：那就是外戚身份。而到了汉哀帝时，取而代之的完全是皇帝的个人喜好，连外戚身份这项最后的条件也不复存在了。可以说汉哀帝是用更为糟糕的个人意志取代了外戚专政，使得权力彻底地封闭、私有化。皇权，本来应该作为维护社会秩序的公权力，这时完全沦为皇帝个人的权力。所以《资治通鉴》的结论是，汉朝从这时候起，已经无法避免灭亡的命运了。

关于汉哀帝以私宠干扰朝政，还有一个更为突出的例子，那就是任用他的男宠董贤。相关故事及其影响留待下文进行专门分析。

汉哀帝"断袖"：警惕捧杀

政治家看"断袖"

后世常用"断袖之癖"来形容男性之间的爱，这个典故就出在汉哀帝与董贤身上。

董贤非常得汉哀帝宠信。曾有一次，他大白天陪汉哀帝起居休息，可能是睡午觉之类的吧。董贤睡着的时候把汉哀帝的袖子全压住了。汉哀帝先醒，想起来，发现袖子被压住抽不出来，为了不惊醒董贤，汉哀帝就随手找了个金属利器把袖子割断，然后再起来。这就是"断袖"的来历。由于这样一层关系，史称董贤"贵震朝廷"。但在当时的有识之士和后世的史学家看来，汉哀帝对董贤的宠信造成了朝廷规制的极度混乱。

一是人事之乱。因为董贤的原因，董贤的妻子可以出入宫禁，董贤的妹妹被汉哀帝立为昭仪，董贤的父亲被任命为少府（主掌皇家用度、财政的官员）。再次让人看到私人关系在权力运作中的地位，起到很坏的引导作用。二是礼仪之乱。汉哀帝不仅给予董贤大量赏赐，更为荒谬的是，竟然颠倒了两人的主次关系。"其选物上弟尽在董氏，而乘舆所服乃其副也"，珍宝、器物乃至于服装饰物等，都是把好的选给董贤，汉哀帝自己反而用次一等的副品。这还不是最令人惊讶的，礼仪规制上还有更大的混乱。汉哀帝命人为董贤在靠近宫殿北门的地方建造大宅子，宅子要有前后殿，府门要和宫廷的阙门一样高大。还让人在自己的陵墓旁为董贤预建坟茔，也是高大越制。这都是悖乱礼制的极端行为。臣下的僭越始终是古代帝王最忌讳心防止的事，汉哀帝却反常地主动让董贤来享受这僭越的一切。这并不意味着汉哀帝是在主动放弃特权，恰恰相反，他是在利用手中的皇权为所欲为，毫无权力约束观念。

《资治通鉴》以谈论治国理政的经验教训为主线，也涉及修身齐家的基本理念，很少涉及纯粹的私人生活故事，除非这些故事有助于提炼借鉴。汉哀帝和董贤之间的"断袖"关系，正属于引起很大不良影响的政治事件，而不是单纯的私生活问题。

曾反对汉哀帝封傅商为侯的郑崇，在董贤问题上再次站到了汉哀帝的对立面，因此也重重得罪了汉哀帝。有些望风承旨的小人，就在汉哀帝面前谗毁郑崇，对汉哀帝说，郑崇和家族里的人来往频繁，恐怕有奸谋，请予以审查。就凭这"莫须有"的罪名，汉哀帝把郑崇叫来痛责，说："君门如市人，何以欲禁切主上？"意为郑崇自己家里门庭若市，交游广泛，不知道在干些什么，却要禁止主上与人交往（主要指与董贤这类人的交往），是何道理？郑崇回答道："臣门如市，臣心如水。"郑崇说，自己家里虽有族人来来往往，但自己是清白的，没有任何违法乱纪的事。郑崇为了证明自己的清白，表示愿意接受审查。

郑崇的回答激怒了汉哀帝，把他投入监狱审问。负责审这个案子的官员孙宝，经过严格的调查审问后，发现郑崇的确没什么问题，就向汉哀帝如实汇报了这一情况，并上奏说，怀疑检举揭发的人和郑崇有嫌隙，利用皇帝对他的不满，谗言陷害，如果真是这样让郑崇蒙冤受屈的话，有损朝廷体面。汉哀帝接到孙宝的奏报后大怒，痛斥孙宝附下罔上，乃"国之贼也"，免去孙宝官职，贬为庶人。郑崇最终竟死在监狱里。

从中我们可以看出，郑崇和孙宝的罪名不在其他，而在反对汉哀帝。汉哀帝在这件事上不辨是非，是因为在他心目中，已经给反对他的郑崇预先定了罪。当孙宝要求他实事求是地看待郑崇问题的时候，也遭到迁怒。就这样，因为反对皇帝在私宠问题上破坏礼法制度，一位正直的大臣屈死狱中，另一位正直的大臣遭到贬黜。

丞相反对皇帝

因董贤而造成的汉哀帝与大臣间的冲突，并未就此消停。汉哀帝想封董贤为侯，却没有合适的理由。又有望风承旨的小人建议，将别人的功劳挪到董贤头上，借此封侯。汉哀帝很想这么做，但是心里面忌惮正直敢言的丞相王嘉，于是先让人去问了王嘉的意见。王嘉回答说，如果要封董贤为侯的话，就该"延问公卿、大夫、博士、议郎，考合古今，明正其义，然后乃加爵土；不然，恐大失众心，海内引领而议"。王嘉这话的意思就是说，董贤符不符合封侯的条件，当取决于公论，请公卿、大夫、博士、议郎等，凡是有发言权的臣僚都来发表意见。如果有人认为董贤可以封侯，皇帝据此封了董贤，即便有其他人认为不合适，那么责任也不该由皇帝独自承担。如果不经过讨论，皇帝直接就封了董贤，一是很难服众，二是舆论势必会把矛头指向皇帝。王嘉这番话，事实上是委婉地表达了不赞同封董贤为侯。最后，王嘉还说："知顺指不迕，可得容身须臾。所以不敢者，思报厚恩也。"王嘉说，明知顺从汉哀帝的意思，可以得到个人眼前的安宁和利益，但为了报答汉朝更大的恩德，为了汉朝的长治久安，他还是决定实话实说。王嘉的话并没有打动汉哀帝，汉哀帝把反对的大臣切责一通后，封董贤为高安侯。

第二年的正月初一，发生了日食。在古人天人合一的观念中，天体中太阳的地位最高，对应着地面上握有最高权力的皇帝。如果发生日食，一定是上天在警告，皇帝做错了什么事情。问题是，皇帝并不一定清楚自己到底做错了什么。所以按照传统，每逢这样的时候，皇帝是要下诏求直言的，大臣们也可以针对皇帝的行为畅所欲言，帮助他找错、改错，以答天谴。于是汉哀帝照例下诏，要求"公卿大夫悉心陈过失"，把他们认为皇帝的错误行为都说出来。

丞相王嘉也借这个机会发了言。王嘉首先回顾了历史，说到汉哀帝的祖父汉元帝是一个懂得节俭的皇帝，平时对亲近的人赏赐非常有节制，不因私宠而大量耗费财富，所以无论国库还是皇室财政都有大量盈余。汉元帝在位时，曾遭遇饥荒，边境也有战事，财政上却能应付自如，当归因于汉元帝对私欲的节制。汉哀帝的伯父汉成帝在位时，因有很多女宠、佞臣而造成了不良影响，"耽于酒色，损德伤年"。但汉成帝从来不对劝谏他的大臣动怒，也没有任由这些宠臣为所欲为，更没有宁可伤害国家利益也要对这些宠臣过度赏赐的行为。汉成帝的一些宠臣甚至数度遭到贬斥，家产也不是太多。所以王嘉评价汉成帝："不以私爱害公义，故虽多内讥，朝廷安平……"汉成帝毕竟还分得清楚公与私，不以私爱害公义，故虽因好色耽酒，多于内宠而遭讥议，但朝廷上大体还是太平安和的。

接下来王嘉就开始批评汉哀帝了，批评的重点还是在董贤。王嘉说汉哀帝刚上台的时候挺懂得节俭，并且能关心民瘼。汉哀帝曾想为他的亲生父亲定陶共王建造寝庙，但考虑到财政紧张，老百姓负担承重，就暂停了。现在为董贤大造府第，不仅不珍惜民力、财力，还严重违背礼制，那不是看重董贤甚于自己的父亲吗？董贤母亲生病，汉哀帝命官厨在道路上准备食物、器具，凡是来往百姓都能免费饮食，以此为董贤母亲祈福。为董贤母亲花的这些钱，甚至高于供养几位皇太后的费用，这岂不是悖理乱德？不光是这些，连董贤亲戚门客有喜事，官府也要大量给予赏赐，乃至于对董家奴仆的赏赐，都已经累计至十余万。汉哀帝下诏废止了一些皇家林苑，却又赏赐给董贤两千余顷土地。汉代官员可以占有土地的数额都受严格限制，汉哀帝对董贤的赏赐严重破坏了这一制度。

为什么正月初一就发生日食？王嘉总结说，就是因为汉哀帝在对待董贤问题上"奢僭放纵，变乱阴阳"。王嘉在奏章中引了一句孔子的话："危而不持，颠而不扶，则将安用彼相矣。"这句话用在这里的意思就是，国家出现如此衰乱的情况，作为宰相如果不能有所弥补的话，那还要宰相干什么呢？所以王嘉在奏章的结尾说，明知这番话会得罪皇帝，但作为宰相，"身死有益于国，不敢自惜"。如果自己的死能换回对国家的助益，王嘉不惮于一死。汉哀帝看完这通奏章后当然非常不开心。而王嘉不惮一死地就汉哀帝与董贤的问题表态，竟成了一句谶语。

王嘉之死

过了一段日子，汉哀帝的祖母傅太后去世了。这居然也成为汉哀帝恩宠董贤的一次机会。汉哀帝假托傅太后的遗诏，让太皇太后王政君出面下诏，把董贤封赠的食邑从一千户增加到三千户。王嘉接到诏书后，将之原封退回，并对汉哀帝说："高安侯贤，佞幸之臣，陛下倾爵位以贵之，单货财以富之，损至尊以宠之，主威已黜，府臧已竭，唯恐不足。"对待董贤这样一个对国家毫无贡献的佞幸之臣，汉哀帝不惜违背公论而赐予爵位，不惜倾尽国库予以赏赐。乃至于和董贤之间君臣颠倒，把最好的器物给董贤，汉哀帝自己使用的反倒是副品和次品。如此还嫌不够，他还要不停地增加对董贤的恩宠，唯恐不足。即便出现了日食等反常自然现象，也不能扭转汉哀帝的态度，作为代天牧民的皇帝，哪能这样？

王嘉这次的奏章呈上后，汉哀帝勃然大怒，但他并没有以董贤这件事为理由为难王嘉，而是翻出一笔账，对王嘉痛下杀手。汉哀帝之前贬黜过三位令他不太满意的大臣，当时王嘉并没有阻止。后来恰逢朝廷大赦，王嘉就重新向汉哀帝推荐了这三个人，说这些都是人才。汉哀帝就抓住这件事，斥责王嘉说："既然都是人才，之前我贬黜他们的时候怎么没说，现在又来推荐他们？"汉哀帝言下之意是说，王嘉这是特意要来彰显他的过错吗？这是大臣事君之道吗？于是下诏，要拿王嘉入狱审问。

西汉中期以后形成的传统，像宰相这样高级别的大臣一般不入狱受审。因为在监狱里会受到狱吏各种各样的羞辱，而大臣则要保持体面，不能受辱。所以一般情况下，皇帝下诏要宰相等高官下狱受审，该大臣往往以自杀的方法结束这场纷争，以保持不受狱吏屈辱的体面。汉哀帝要王嘉下狱，其本意就是想逼死他。王嘉身边的人也是这样理解的。所以当汉哀帝的使者到达丞相府时，王嘉的下属们已经调制好了毒药，劝他服毒自尽；使者也坐在府门口，逼迫王嘉自尽。王嘉夺过下属手中的药杯，击碎于地，作为宰相，真要有罪的话，也该服刑都市，何必吃药而死？于是王嘉作了番准备后，就跟着使者入狱了。王嘉这么做，是想用生命和汉哀帝抗争到底，表示自己并没有错。当汉哀帝听说王嘉没有自尽，而是坦然入狱之后，勃然大怒，派了一批官员去审讯王嘉。

狱吏问王嘉："你有没有罪？"王嘉说："我有一项大罪。"狱吏问是什么大罪，王嘉说自己作为宰相，不能为国家举荐贤才、退黜不肖之人，乃是辜负国恩的大罪。狱吏又问："贤者是谁？不肖者是谁？"王嘉在举了几个贤人的名字之后，特意指出，现在朝廷上最大的不肖之徒，就是董贤父子。王嘉说，自己作为宰相，没能去除像董贤这样祸乱朝政的佞臣，的确是死罪。直到这个时候，王嘉还在和汉哀帝抗争，既可敬可叹，又可悲可悯。王嘉在监狱里待了二十多天，最终绝食呕血而死。汉朝自元帝以后，就很少出现骨鲠而有担当的大臣，成帝以后，朝政更是每况愈下。哀帝时难得出一个王嘉，却是这样的下场。用古人的话说，这就是一个王朝气数已尽的象征。

爱之适足以害之

王嘉的死，意味着汉哀帝的胜利吗？权力在手，就真的可以为所欲为而不受惩罚吗？董贤有了汉哀帝手中皇权的倾情庇护，就能这样永远地享受下去吗？王嘉在奏章中就提醒过汉哀帝，汉哀帝对董贤这样无节制的宠爱、赏赐，会引起其他人的强烈不满。赏赐给董贤的财物都出自民力，汉哀帝用手中的权力把它们变成董贤的私产，怎么逃得过天下的议论？王嘉引用一句谚语警告汉哀帝："千人所指，无病而死。"一天到晚被别人指指点点，即便不生什么疾病，也很容易接近死亡。一个人若每天被成千上万的人指点咒骂，那得承受多大的心理压力啊！从这个角度看，"千人所指，无病而死"倒不是没道理。在那个时代环境下，臣民们当然不会直接对汉哀帝指指点点，指指点点的对象自然是董贤。一个没有为国家作过任何贡献的人，凭什么从国库中获得这么多呢？董贤居然坦然接受，毫不愧疚，别人在无法针对汉哀帝的情况下，当然会把矛头指向他。故而王嘉在奏章中也曾用另一句俗语告诫过汉哀帝："爱之适足以害之。"现在因为爱他，所以用违背常规、不合礼数的方法赏赐、恩宠他，甚至可以为了他破坏朝廷规章制度，这恰恰是把他推到众人厌恶、唾弃的地步，害他的正是这些不合常规的爱。

王嘉的话说得一点儿没错。董贤之所以能过度享受，完全出于他和汉哀帝的私人关系。一旦汉哀帝这顶保护伞不在了，董贤如何自立于朝廷？如何面对那么多憎恶、痛恨他的同僚？王嘉死了以后，汉哀帝还把董贤封为大司马。汉朝的第一位大司马是著名的抗匈英雄霍去病，后来做过大司马的还有像霍光这样辅政有功的大臣。无论如何，作为辅政重臣、三公之一的大司马，必须由德高望重的大臣来担任。而当时的董贤年仅二十二岁，更没有为国家作过什么贡献。汉哀帝的特殊恩宠，把董贤遭人忌恨的程度更加深了一层。

当时已经有不少明眼人看出了其中的问题。董贤有个弟弟名叫宽信。董贤的父亲欲为这个小儿子配亲，想物色一位名门闺秀，看中宣帝时代名相兼名儒萧望之的孙女，托人提亲。萧望之的儿子，也是女孩的父亲萧咸听了之后对提亲的人说："我们只是普通人家，高攀不起董家。"董贤的父亲得到答复后很不高兴，说道："我家何用负天下，而为人所畏如是！"从中可以看出，董氏父子对自己的认识非常不足，没有反省过自己凭什么享受这么多优待，也不知道自己在他人眼中是什么形象。

事实证明，萧咸不把女儿嫁给董家的选择是正确的。很多时候，并不是结交上炙手可热的权贵人物就是件好事，关键要看路走得正不正。董贤被封为大司马之后短短半年，汉哀帝就去世了。长期不动声色的太皇太后王政君立即命人驱驾未央宫，收缴了皇帝印玺，并找来董贤，问他哀帝的葬礼该如何调度。董贤一是因哀帝去世而忧惧，二是根本没办过这类大事，所以只能在太皇太后面前磕头谢罪而不知所云。太皇太后说："既然你不知道该怎么办，我就让王莽帮帮你吧，王莽之前经办过汉成帝的葬礼，有经验。"就这样，成帝时代的外戚王氏家族，再次登上了历史舞台。

继而王莽在太皇太后的授意下，找人弹劾董贤，指陈董贤种种过失。面对老辣的政敌，年轻的董贤根本不知如何应对，只会磕头谢罪。最后太皇太后下诏："贤年少，未更事理，为大司马，不合众心，其收大司马印绶，罢归第。"以少不更事、不能服众为理由罢免了董贤。同一天，董贤和他妻子在自己家里自杀了。家里人吓得都不敢为董贤举行正式的葬礼，当夜就草草将他的尸体埋了。鉴于董家反常的处理方式，王莽怀疑董贤是诈死，于是命人将董贤棺材再刨出来，抬到监狱里开棺验尸。验明董贤的确死了之后，再将他的尸体就地埋葬在监狱中。汉哀帝时代风光无限的董贤就以这样惨淡的结局草草收场，只能说王嘉"爱之适足以害之"的预言应验了。现代社会流行一个名词叫"捧杀"，汉哀帝对董贤，那是名副其实的捧杀。假如没有汉哀帝过度宠爱，董贤说不定还能正常地多活几年。更为关键的是，董贤凭借着和汉哀帝的私人关系，不正常地享受了过多公共财产和资源，必然要以不正常的形式为之付出代价。公权不可任意私用，即便对于皇权时代的皇帝来说，也是必须遵守的道理。

外戚专权：防微杜渐

"金镶玉玺"

公元9年王莽称帝，取代了汉室刘姓皇帝。西汉王朝在维持了200多年之后，正式宣告结束，历史开始进入王莽所建立的新朝时期。中国古代皇帝有一样非常重要的凭据，那就是玉玺，就像现在单位必须有公章一样。王莽在正式称帝之前，为得到这件象征帝王权力的印信，花了不少功夫，也遭到了来自西汉皇室的抵抗。

那么在王莽篡汉之前，玉玺在谁手里呢？玉玺掌握在当时的太皇太后王政君手里。西汉最后一任正式皇帝汉平帝去世的时候才十四岁，当然没能留下子嗣。太皇太后王政君召集大臣们商议皇帝人选，在王莽的建议下，挑选了一个两岁的婴儿先立为皇太子（历史上通常称之为"孺子婴"），由前些年来一直主持朝政的王莽，以"假皇帝"的身份摄政。等孺子婴成年后正式登基，王莽再把政权还给他。在此期间，为确保汉朝皇室的权威性，象征皇帝权力的玉玺，还是先收藏在太皇太后这里，而不由王莽掌握。

对于这个建议，王政君最初认为不合适。但王莽势力太大，拗不过，所以最终还是答应了。她没想到，王莽做了两年假皇帝，不过瘾，要做真皇帝了。王莽为此造了很多势，收买了很多人。似乎无论看天意还是看民意，王莽都应该成为真皇帝。但这时候王莽还缺一样东西，那就是玉玺。于是王莽派了他的堂兄弟王舜去向王政君要这个玉玺。

当王舜把王莽想做真皇帝的消息告诉王政君的时候，王政君大惊，没料到事态会发展到这个地步，当然也不肯将玉玺交出来，而且将王莽兄弟痛骂了一通。王政君说，王氏家族一门贵盛，仗的全是汉家恩德，不思图报，反而趁人孤弱而篡夺皇位，像他们这样的忘恩负义之辈，"狗猪不食其余"，贱恶到猪和狗都不屑于吃。最后说："我汉家老寡妇，旦暮且死，欲与此玺俱葬，终不可得。"王政君是汉元帝的皇后，汉成帝的母亲，相对于孺子婴来说已经是曾祖母一辈的人，当时已经八十岁了，辈分相当高，资历相当老，所以她自称是"汉家老寡妇"。王政君说自己都这把年纪了，随时等死，一定要和这个玉玺一起葬下去，王莽别想得到它。

这番话讲得很硬气，骂得也很爽快。但王舜最后对她说，王莽现在一心想得到这个玉玺，实事求是地讲，藏是藏不住的。王政君在痛骂泄愤之后，也知道凭王莽现在的势力，这个玉玺终究会被他夺走。于是一怒之下，将玉玺摔在王舜面前。这个玉玺就被王舜带给了王莽。据说，因王政君的这次投掷，玉玺被摔碎一个角，后来就用黄金将这个缺角镶补上。故而戏曲小说、民间故事中多有"金镶玉玺"一说。

从这个故事里，可以看到王政君作为汉朝皇室成员对于王莽的反抗。尽管反抗苍白而无效，但毕竟她还是表达了忠于汉朝的立场。然而后世很多史学家，对王政君不仅没有好评，甚至有很激烈的批评。比如明末清初的大学者王夫之就说："亡西汉者，元后之罪通于天矣。"这里的元后指的就是王政君，因为她是汉元帝的皇后。王夫之认为，在使西汉灭亡这件事上，王政君犯有通天大罪。何出此言？要理解这个观点，必须先知道王莽和王政君是什么关系，更需要了解在王莽权势日趋壮大的过程中，王政君起到了什么作用。

其实王莽正是王政君的侄子，王氏家族能坐大，王莽能壮大自己的权势，最初就是王政君给的机会。所以王夫之认为，王政君虽然也没预料到王莽会篡位，并在最后时刻表达了自己忠于汉室的立场；但王莽的势力能壮大到不可阻挡，索取汉家传国玉玺如同探囊取物，王政君难逃其咎。

王政君与王氏家族

汉代政治有一个非常明显的特征，那就是外戚干政，并成为最重要的政治力量之一。这个特征在汉武帝时代以后，更为明显。汉成帝即位以后，王政君成为皇太后。王政君有八个兄弟，其中两个（老大王凤、老四王崇）和她同父同母，另六个同父异母。八人中，除老二早死外，其他七人都成为当时政坛炙手可热的人物。汉成帝先是封和他母亲同父同母的两位舅舅（王凤与王崇）为侯。数年后，四舅王崇去世了，太后很伤心。转过一年，汉成帝就把其他还健在的五位与太后同父异母的舅舅全都封了侯，世称"五侯"，这或许有抚慰母亲的意图在里面。但这并没有让王政君感到满足。她除了同父同母、同父异母的兄弟外，还有同母异父的兄弟。连这同母异父的兄弟，她也想让汉成帝封侯。这真叫一人得道鸡犬升天，就因为她是皇帝的妈，就要让凡是和自己有亲属关系的人都来享受荣华富贵，贪婪无止境，在中国古代属于化公权为私权的典型。汉成帝平时都听他妈妈、舅舅的，这回总算硬气一次，拒绝封他母亲同母异父的弟弟为侯，说没这道理。

按照传统，王政君的娘家兄弟不仅能封侯，还有机会成为"首席执政官"。首先执政的，是王家兄弟中的老大王凤，大大小小的事情都由王凤说了算。曾有人向汉成帝推荐过一位名叫刘歆的青年才俊，汉成帝召见后觉得这个年轻人的确很有才华，再加上刘歆也是老刘家的宗室成员，所以决定拜他为"中常侍"，有了这个身份可以出入宫禁陪伴皇帝。汉成帝让人去拿与中常侍身份相称的衣冠来给刘歆穿戴，准备封拜。结果左右人等提醒他说，这件事还没跟大将军（王凤）商议过呢！汉成帝说，这么小的事，还要跟大将军商量吗？他作为皇帝难道做不了主吗？左右的人拼命叩头固争，说千万不敢自作主张，还是先禀报大将军为是。汉成帝说那好，先跟舅舅商量下吧。结果王凤还真不答应，刘歆做中常侍这件事也就作罢了。从中可以看到两个问题：一是王氏兄弟把持政权很厉害；二是汉成帝的性格很优柔寡断，这么小的事情都决断不了。

　　拒绝让刘歆做中常侍还是小事，王家兄弟还干涉了更大的事。有一位比较正直的官员弹劾王凤专擅朝政，汉成帝也是被他舅舅压抑得太深，所以一开始很欣赏这位敢于直言的官员，并决心削弱王凤的权力。谁知消息不密，汉成帝下手前，先被王凤知道了。王凤故作哀怜，上表"乞骸骨"（古时官员因年老请求辞职的说法）。结果"太后闻之，为垂涕，不御食"。王政君为袒护兄弟，用绝食来向她儿子抗议。汉成帝之前在很多事情上不和他舅舅叫板抬杠，有一个重要原因，就是不愿意让他妈伤心。这回老妈又出马了，汉成帝没办法，只得退缩。不仅王凤的权力没有被削夺，弹劾王凤的官员反而死在监狱里，并连累妻子遭发配。这个结局使得朝野震动，所有官员都对王氏兄弟侧目而视，看来王家的坏话丁点儿都说不得。后来"首席执政官"一直在王家门里转，兄弟子侄轮流执政，直到西汉灭亡。最后一名执政的，当然就是王政君的侄子王莽。这是典型的"政出私门"。

　　权势鼎盛，有太后撑腰，使得王氏兄弟骄纵不法而不复有所忌惮，史称："五侯群弟争为奢侈，赂遗珍宝，四面而至。"汉成帝的舅舅们都很离谱，个个把房子造得很大，生活奢侈浮华。其中一位因为身体不舒服，居然开口向汉成帝借宫殿避暑。又为了让自家园子里的大水池有活水源，居然凿穿长安城的城墙，把城外的河水引到家里，注入水池中，然后在水池中行船歌舞。首先大家可以想象他家园子有多大，更离谱的是为了自己园子，随意地就把首都的城墙凿了个洞！另一位舅舅比向皇帝借宫殿更厉害，干脆把自己家楼阁按宫殿的规格造了，可见僭越无礼到何种程度。

后来汉成帝微服出访，发现几个舅舅的豪宅如此了得，大吃一惊，回宫后决定严惩这几个舅舅。于是兄弟几个"欲自黥、劓以谢太后"，打算自己黥面、劓鼻去向太后谢罪。这又让汉成帝大吃一惊，斥责道："外家何甘乐祸败！而欲自黥、劓，相戮辱于太后前，伤慈母之心，以危乱国家！"其实这几个舅舅很狡猾，利用汉成帝不敢违逆母亲的心理，吵着闹着要去太后那儿自残认罪。汉成帝知道后果然怕"伤慈母之心"，就阻止他们去太后那儿吵闹，当然也就免去了对这几个舅舅的惩罚。王氏家族就这样继续淫逸着。

侄子与外甥

这时候，王氏兄弟除了早死的老二没封侯外，其余兄弟都封了侯。但老二家媳妇看样子是个蛮有心计的人，当家的死了，家里也没人需要她亲自照料，于是就跑到太后宫里，奉养皇太后。王政君每天对着这个寡嫂，当然就会想起早亡的二哥。再一想到其他兄弟都封侯富贵了，几家的侄子们也有依有靠，唯独二哥留下的遗孤，什么也没得到，倍感伤戚。于是老在汉成帝面前唠叨，也要给老二家的寡妻孤子恩惠好处。汉成帝只得下令追封王家老二为新都哀侯。这老二名叫王曼，正是王莽的父亲。因为王曼已经不在世了，事实上袭封新都侯的就是王莽。王莽和他的几个叔叔不同，相当懂得修饰自己的行操。平时衣着简朴，乐于助人，因此获得了很好的名誉。王莽能逐渐走向执政的位置，和他自己矫情自饰、收揽名誉，以及王政君的哀怜与照顾都有关系。

因此有人批评，其实正是王政君给了王氏家族机会，也给了王莽机会。王莽凭借着王氏家族积累已久的权势，才有了篡汉的可能。之前王夫之对王政君的批评，就是这个思路。这个批评有很强的合理性，王政君为维护、提高王氏家族的地位，搅乱了正常的政治运转途径。兄弟封侯、父子执政，门风奢侈、僭越无礼尚在其次，更为关键的是，让朝廷的决策权成了王氏家族的私门权力。或许有读者会提出疑问，王莽篡位难道不应该首先归罪于这个人的野心吗？王政君在争夺玉玺的过程中已经表达了忠于汉室的立场，为什么还要这么苛责她？就像现在很多事故发生之后，不是先指责肇事者，而是先批评受害者不小心，这合理吗？

从汉成帝继位后，辅政大臣不出王氏家门，而且只要上位就是终身制。首先是成帝长舅王凤，王凤辅政十一年去世之后，由王凤的堂弟王音辅政。王音辅政八年去世，政权又回到王凤亲弟弟王商手里。王商辅政四年后去世，接替他的又是亲弟弟王根。就整个家族而言，由于王政君的原因，"王氏子弟皆卿大夫、侍中、诸曹，分据势官满朝廷"。不仅王姓子弟雨露均沾，分享蛋糕的还有外姓子弟。何来外姓子弟？王政君除了兄弟外，还有姐妹，有个姐姐嫁给淳于家，生了儿子叫淳于长。淳于长在王政君和汉成帝面前都很得宠，被封为定陵侯。加上这些，因为和太后王政君有亲戚关系而被封侯的，多达十人。

事实上，在王莽辅政之前，还一度出现过一个竞争对手，这个人就是淳于长。淳于长和王莽算舅表兄弟。首先辅政的王凤，是王莽的大伯，也是淳于长的大舅。王凤生病期间，淳于长服侍左右，侍奉汤药，让王凤很感动，临终前向太后、成帝推荐，说这外甥真不错，以后要好好照顾。于是淳于长以太后外甥的身份，不仅被封侯，而且晋身九卿。此后一路钻营，也无非是靠讨好太后、成帝，以及辅政的几个舅舅，没什么其他本事。比如，汉成帝要立赵飞燕为皇后。太后一开始觉得赵飞燕出身太低，不肯答应。汉成帝就委托淳于长游说太后，最后取得太后同意，立了赵飞燕。这件事就让淳于长成了汉成帝的宠臣。所以班固编《汉书》把他列入《佞幸传》，很看不起这个人。但就这么个人，居然差点当上辅政大臣。

王氏兄弟最后一个辅政的，是兄弟中的老七王根。这一圈转下来，辅政大臣这个职位，王氏兄弟能做的基本都做了一遍。若想继续把这个职位留在王氏门里面，就该轮到王氏家族的下一代了。王根病重期间，作为王氏外甥的淳于长已经是九卿之一，官位不低，很得太后、皇帝宠信。舆论纷纷猜测，接替王根辅政的，很可能就是淳于长。果真是这样的话，王莽当然不干。于是王莽抓住机会挑拨离间，跑到王根跟前说："淳于长惦记辅政大臣这个位置很久了，所以看到你生病就很高兴！"王根听说这话当然十分生气。接着，王莽又揭发了一些淳于长见不得人的事，说他和后宫有染。原先被废的许皇后，看淳于长有能力说服太后同意立赵飞燕为后，也想走淳于长的路子重新回到汉成帝身边。于是给了淳于长大量财物，求他在成帝和太后面前美言，希望让自己以婕妤的身份回到皇帝身边。

淳于长明知此事有难度，赵飞燕不是省油的灯，但贪恋许氏所给的财物，漫为浪言，说自己可以说服成帝立左、右皇后，让许氏重新回到皇帝身边。许氏信以为真，更加重贿淳于长。淳于长就借机在和许氏通信的过程中，写一些淫词艳语调戏许氏。许氏虽然是废后，但作为臣子公然调戏她，当然是罪过。这件事被王莽拿住把柄，并在王根的支持下，禀报了皇太后和皇帝。于是淳于长的地位一落千丈，失去了和王莽竞争下一任执政的资格。

汉成帝无子，去世后由他侄子继位，就是汉哀帝。汉哀帝去世之后又无子。王政君马上做了两件事：一是直接跑到汉哀帝原先居住的宫殿，收了皇帝印玺；二是宣召王莽进宫商议后事。从中可以看出，在权力交替的关键时刻，王政君首先想到的还是娘家人，这是视政权为私有的典型表现。王政君和王莽商议决定立年仅九岁的汉平帝继位，王政君以太后身份临朝，而政事都取决于王莽。

历史的评价

王氏家族能世掌国政，是王政君一手提携与导演的，王莽篡汉就是王家世掌国政的最终结果。《汉书》的重要作者之一班彪说："三代以来，王公失世，稀不以女宠。及王莽之兴，由孝元后历汉四世为天下母，飨国六十余载，群小世权，更持国柄；五将十侯，卒成新都。"班彪这话可以分作两段来看。首先他说自古以来，王公（统治者）失去名位、不能维持统治的，绝大多数都是由于女宠。皇帝因宠爱某个女性而败坏政治的事，历史上的确多有，但班彪用这话批评王政君，有点不合适。因为王政君虽然是汉元帝的皇后，却并不受宠爱。汉元帝做太子时有个喜欢的对象，姓司马，后来司马良娣（良娣是太子妻妾中的一个品级）莫名其妙地死了，汉元帝很伤心。汉元帝的母亲怕他伤心过度，想从宫中挑个年轻女子来填补他的情感空白。有一次汉元帝去看望母亲，她母亲找了五个年轻女子，暗令她们靠近汉元帝，看看能不能让他注目。其实汉元帝对她们完全没兴趣。之前他和司马良娣大概处于"热恋"期，正热恋的时候恋人死了，这空白哪有那么容易填补。但为了不让母亲担心，汉元帝随口说了句，这里面有一个还行吧。凑巧，王政君坐得离元帝最近，而且衣服穿得最鲜艳，穿了件用大红色装饰边缘的上衣裙。所以大家都误以为汉元帝看中的是王政君，就把王政君送到汉元帝那儿去了。作为汉元帝来说，谁来都一样，反正他对谁都不感兴趣。等于说王政君非常偶然地成了汉元帝的人。

据说王政君个性温婉，很懂妇道，但肯定算不上灵巧。后来有一件非常巧的事情改变了王政君的命运。之前汉元帝临幸过很多女子，都没有得子嗣。王政君最厉害的一点就是仅被汉元帝临幸了一次，就怀上了，这就是汉元帝的长子刘骜，也就是后来的汉成帝。刘骜出世以后，王政君虽然被立为皇后，但汉元帝却很少临幸她，这说明王政君长得肯定算不上漂亮。所以，班彪说王政君是女宠，不符合实情。但王政君凭借着为汉元帝生下长子，在后宫屹立不倒六十余年，并深刻地影响了汉朝历史的进程，则是事实。没有王政君的提携，王莽到不了这个地步。

在这个过程中，王莽也是刻意讨好王政君，想出过很多花招。有一次王政君忽然说了这么一番话："我始入太子家时，见于丙殿，至今五六十岁，尚颇识之。"六十余年前，汉元帝还是太子的时候，王政君被送到太子宫。也就是在那一次觐见，王政君被时为太子的汉元帝临幸，并怀上了汉成帝，从此奠定了她六十余年的后宫地位。所以这次觐见是王政君一生引以为荣的事。但由于她并不受宠爱，她一生中也就这么一次到过太子宫。即便在被立为皇后之后，仍然不受汉元帝宠幸，甚至很少见到汉元帝。大家想想，一个女人把自己最珍贵的记忆留给了一个男人，这个男人却始终不拿她当回事，这对女人来说意味着什么？所以王政君这番话，除了回忆早年的"光荣事件"之外，还隐藏着一层说不出的哀怨。但毕竟过去几十年了，当爱和恨都慢慢退潮的时候，这些事情就成为王政君怀旧的重要素材。王莽很敏锐地把握住了王政君的这层心态，马上安排王政君故地重游，满足她怀旧的情感需求。王政君果然在故地重游之后心情大好，觉得这个侄子太会办事了。于是一步一步地，将朝廷大事的处决权，包括人事选拔任免权，都放心交给了王莽。王莽顺着这个台阶一步步往上走，最后走到由假皇帝到真皇帝的地步。

对于王政君最后的表现，班彪评论道："位号已移于天下，而元后卷卷犹握一玺，不欲以授莽，妇人之仁，悲夫！"在大局上没有见识和把握力，不及早防微杜渐，让王莽坐大到无可抗拒，才死护着一个玉玺不肯给他，这有什么意义呢？班彪批评说这是典型的妇人之仁，见小不见大，西瓜都丢了，还捡什么芝麻！把整个事件看全，班彪对于王政君的批评并不过分。而对善于总结历史教训的宋代士大夫来说，坚决反对外戚干政，反对由皇权衍生出各类私有权力，就成为他们的最基本的政治思想之一。司马光正是这类士大夫的代表。王氏家族与西汉的灭亡，可以说是一个非常深刻而又十分具有代表性的案例，因此《资治通鉴》对此做了详细的记载。

王莽篡汉：应做怎样的理想主义者

王莽的改名癖

西汉最后一个皇帝汉平帝，在当时的辅政大臣王莽的扶植下上台。汉平帝八岁登基，年龄幼小，王朝的权力越来越集中到王莽的手里。汉平帝到十四岁的时候就死了。有一种说法，是被王莽毒死的，因为随着年龄的增长，汉平帝对专权的王莽越来越不满。汉平帝死后，为了巩固自己的权力和地位，王莽挑选了一个年仅两岁的幼儿刘婴作为继承皇位的候选人。因为刘婴年龄实在太幼小，无法执政，所以暂时只称皇太子，没有正式即位。但皇位不能空缺，所以王莽就以摄政者的身份称为"摄皇帝"，政务由王莽全权处理。等刘婴成年以后正式即位，王莽再把政权交还给他。一开始是这么说，但过了几年以后，王莽觉得"摄皇帝"不过瘾，指示亲信制造舆论，把自己的名号改为"假皇帝"了。"假皇帝"当然更不过瘾，没多长时间，王莽就要做真皇帝了。年幼的刘婴当然毫无还手之力，整个官僚系统也早已被王莽控制了。于是，王莽就夺取了西汉的政权，创建了自己的王朝。这个新王朝，名字就叫"新"。

很可惜，这个王朝虽然很"新"，寿命却不够长。王莽于公元 9 年称帝，到公元 23 年就被推翻了，短短十五年时间。这也是中国历史上唯一一个只有一位皇帝的王朝，没来得及传代就被灭了。所以王莽的名声在传统历史评价上一直都很惨，向来被视为一个不成功的篡位者，绝大多数传统历史学家都不承认他是一位合法的、正式的皇帝。中国历史上有一个非常有意思的现象，大凡历时比较短的王朝，历史名声都不怎么样。比如秦朝、隋朝维持时间都不长，名声也不太好，历时最短、名声最糟的，就是王莽和他的新朝。这是为什么呢？道理也很简单，因为时间太短了，来不及写历史宣传自己，别人想给你写点正面的事迹拍马屁也来不及，人家这头还没写好呢，你那头就已经被灭了。写的人一看，哟，灭了？赶紧别写了，写好的也烧了吧！

但客观地来看，一个王朝短命，尽管不至于像后人抹黑的那样一无是处，但失败终归是有原因的。王莽失败最大的原因是什么？我们读《资治通鉴》会发现，王莽施政最大的特点，就一个字：改。官名，改；地名，改；服饰，改；货币，改。长安城一共十二个城门，把它们的名称挨个改一遍。王莽败就败在太喜欢改这些名称上。改改名也会导致王朝灭亡？事实上，问题不在于"改"本身，而在于怎么改。

比如，王莽想要改官名和地名："分京师置前辉光、后丞烈二郡。更公卿、大夫、八十一元士官名、位次及十二州名、分界。郡国所属，罢置改易，天下多事，吏不能纪矣。"这里讲的就是他把当时最基本的官名系统和地名系统全都改了，一下子改那么多名称，老百姓和地方基层官员都适应不过来了。但王莽却还觉得不过瘾，过了不久，又改："改郡太守曰大尹，都尉曰大尉，县令、长曰宰……长乐宫曰常乐室，长安曰常安。其余百官、宫室、郡县尽易其名，不可胜纪。"这里讲的是不仅把地方主要行政官的名称给改了，连首都长安和皇太后住的宫殿名称都改了。这样改来改去最终结果是什么呢？"其后，岁复变更，一郡至五易名，而还复其故。吏民不能纪，每下诏书，辄系其故名云。"唯一的结果就是大家都记不住，所以各种公文里面不得不在新名词后面注上相应的旧名称是什么。这是何苦呢，干脆叫旧名称不就得了吗？

这样烦琐的名字变动，有实际意义吗？对建立更良好的社会秩序、提高老百姓的生活质量有帮助吗？不仅没有，反而制造了很多不必要的混乱。我们倡导的改革精神，是要把那些对人们生活不便利的、阻碍社会发展的内容改掉。面对这种情况，要深入调研，勇于改革。而且一旦确定目标，就要坚持不懈地努力。所以，改革不是为改而改，更不是朝三暮四地改。这样的事情我们今天的生活中有吗？不仅有，而且有很多。甚至一部分被不少人叫好的事，本质上也属于这一类的瞎改瞎折腾。比如，近些年不少名人和媒体呼吁在日常生活中恢复繁体字，我认为就属于这种现象。语言文字、事物名称，尊重约定俗成，以利于交流为便。我们的语言文字、对事物的称呼，有很多历史积攒下来的错误。但如果大家都是这样说、这么称呼，别人也都听得懂，那也算了。对这些问题的讨论，可以成为学术研究的课题，但不必在日常生活中一一纠正，更不必为显得有文化而一味复古。

混乱的货币改革

王莽另一桩大动干戈的改革，是货币制度改革。"凡宝货五物六名二十八品，铸作钱布皆用铜，殽以连锡，百姓溃乱，其货不行。莽知民愁，乃但行小钱直一，与大钱五十二品并行，龟贝布属且寝。"王莽把货币分成六大类，有所谓钱货、金货、银货、龟货、贝货、布货，每一类下面又分若干小品种，共计二十八个品种。这么复杂的币值，老百姓连名儿都记不过来，当然只能"溃乱"了。王莽也知道老百姓挺犯愁，所以主要还是通行大（面值五十）、小（面值一）两种钱币，其他所谓龟、贝、布之类基本不怎么流通。

在王莽改革币制以前，老百姓日常生活中使用的是西汉政府发行的五铢钱。史书上说："是时百姓便安汉五铢钱，以莽钱大小两行，难知，又数变改，不信，皆私以五铢钱市买；讹言大钱当罢，莫肯挟。莽患之，复下书：'诸挟五铢钱、言大钱当罢者，比非井田制，投四裔！'……于是农商失业，食货俱废，民人至涕泣于市道。"老百姓还是觉得汉代的五铢钱信誉比较好，王莽一天到晚改来改去，老百姓对朝廷缺乏最基本的信任，也就不敢相信它发行的货币，所以私下里都用五铢钱交易。并且纷纷传言，王莽铸造流通的大钱很快就会被废了。这些传言搞得王莽很恼火，因为这使得本来信誉就不高的新政更没有民间信用基础了，于是王莽下令严惩传播这类谣言的人。这就形成一个恶性循环，因为朝廷没有信誉，导致民间谣言四起，朝廷不得不出重拳打击谣言，却又使得社会矛盾更加尖锐。

果然老百姓也没猜错，过了不久，王莽又耐不住寂寞，又改了："莽复申下，金银龟贝之货颇增减其贾直，而罢大小钱，改作货布、货泉二品并行。又以大钱行久，罢之，恐民挟不止。乃令民且独行大钱；尽六年，毋得复挟大钱矣。每一易钱，民用破业而大陷刑。"把原先政府发布通行的大钱、小钱都废了，又改成所谓"货布""货泉"之类。每改革一次货币制度，老百姓就破产一次，这样的社会能好吗？

人类社会的交易活动从早期的物物交换进化到货币交易，就是因为用货币交换更为方便，既便于计算，也便于储存、携带。王莽的这套币值改革，让货币本身成为一个非常复杂的系统，对于实际交易来说不仅毫无意义，而且徒增混乱与麻烦。如果我们也生活在这样的环境中，今天出门买瓶酱油，得先琢磨半天，今儿个是拿一捧贝去买酱油呢，还是拿一串布去买？明天去买方豆腐，又得寻思半天，今天是拿钱去呢，还是拿龟去？这多麻烦呀！

今天我们老百姓的日常生活消费，一般都以人民币结算。比如小孩开学该交学费了，家长问老师该交多少钱？老师说5000块钱1学年，就给5000元人民币就完事了，非常方便。如果在这一点上不统一，这位老师说学校今年改规矩了，为了和国际接轨，得交50英镑、100欧元、200美元、1888.88元人民币、5000日元外加6万韩币。碰到这样的学校，家长不得上媒体曝光它吗？

币制混乱也导致了民间盗铸货币现象风行。这一来，本来就混乱不堪的货币市场就更混乱了。王莽试图以严刑重罚来遏制假币风行的现象。不仅盗铸货币者本身要受严惩，街坊四邻若没有在官府发现之前举报，也要受到同样的责罚，这就让很多良民很冤。邻居造假币也不会嚷嚷着让你知道啊，但你要是不知道、没举报，对不起，官府一来一起吃官司。这样币制问题就导致了深刻的社会矛盾，很多老百姓因此奋起反抗。前面讲的更改官名、官制混乱，同样也导致了社会矛盾。王莽曾对官员们说，新官制确定之前，官员们先停发工资。停发工资那还了得？这么多官员都有一大家子得养活呢。这些人怎么办呢？当然就是变着法儿地敲诈、盘剥老百姓，尤其是那些地方官吏。于是出现一个悖论，停发工资不仅没有使这些官员穷下来，反而让他们更富有了，一个个家累千金，都成大土豪了。这是为什么呢？道理也不复杂，这些官吏一旦尝到讹诈致富的甜头，是不会自我终止这些非法行为的，让他们给自己设个上限，贪到多少数额就金盆洗手不贪了，那是天方夜谭。人的贪婪心理一旦被点燃，只会变本加厉。所以，真要止贪止暴、澄清吏治，除加强法治和制度建设之外，别无他途。王莽当然不会有这样的觉悟，当时的老百姓却已经生活在水深火热之中，所以大量百姓揭竿而起，一场浩大的反抗斗争呈山雨欲来之势。

招怨匈奴

王莽好改名的习性，不仅造成内政紊乱，也引来了外祸。为什么会招来外祸呢？王莽改革官爵名称的时候，有这么一段："又曰：汉氏诸侯或称王，至于四夷亦如之，违于古典，缪于一统。其定诸侯王之号皆称公，及四夷僭号称王者皆更为侯。"这段讲的是，从复古的角度看，"王"本来是天子独有的称号，但从战国到汉代，这个名称的用法逐渐混乱，诸侯也开始称"王"。尤其到汉代，诸侯称"王"更是合法的，本来朝廷就是这么封他们的。不仅如此，臣服于汉朝的周边民族政权的领袖，也被汉朝皇帝封为"王"。在王莽看来，这是把"王"的名称给玷污了，非古乱制，所以他要"正名"。汉朝的诸侯王不允许再称"王"了，改称"公"。周边民族的领袖也不能称"王"，改称"侯"。

于是王莽派遣使者"西出至西域，尽改其王为侯；北出至匈奴庭，授单于印，改汉印文，去玺言章"。从汉宣帝以后，西域地区很多小国以及由呼韩邪单于率领的南匈奴都接受汉朝的封赠。王莽派使者去，把原先被汉朝承认为"王"的西域各国、各民族领袖，都改封为"侯"。在古人的观念和等级秩序里，侯当然比王低一级。人家祖祖辈辈都称"王"，到他这儿忽然被降一级，而且没有实质性理由，就是因为王莽不喜欢别人有这个称呼。这事换成你，你能高兴吗？所以当时西域的一些贵族也表示反抗。

更为严重的后果，是由贬低匈奴单于封号引起的。本来汉朝给匈奴单于的印上面刻五个字——"匈奴单于玺"，王莽非要给它改掉，改成"新匈奴单于章"。这一改改出麻烦来了。首先，"玺"和"章"的名称有讲究。皇帝的印信称"玺"，这点大家都知道。按照汉朝原先的规定，诸侯王的印信也称为"玺"。给匈奴单于的印称作"玺"，说明他的地位至少不比诸侯王低。而在汉朝内部，列侯的印信是称作"章"的，不能称"玺"，否则就僭越了。王莽要把周边所有少数民族首领的地位从"王"贬低为"侯"，所以相应地也把他们的印从"玺"降格为"章"。其次，王莽在印文"匈奴单于"前面加了个"新"字，这个"新"字就代表他的新朝。汉朝的时候，南匈奴虽然接受封赠，但不是内部隶属的关系，所以汉朝给他的印玺前面并没有加"汉"字，表明承认他有独立自治的权利。加了这个"新"字之后，匈奴单于和新朝的普通公侯大臣就没区别了，和王莽的关系正式变成内部臣属关系了。这等于是把匈奴的独立自治权给取消了。那匈奴贵族当然不干了，所以换印的过程充满了斗争。

王莽派了个使者团到匈奴，要求单于缴纳汉朝的旧印，换取新印。这位匈奴单于比较粗心，听使者这么说，就准备把旧印交出去。单于身边有个人非常机灵，把这事给拦下了，对单于说："还没见到新印的模样和印文内容，怎么能草率地把旧印交了呢？万一新印有诈怎么办？"单于一听有道理，就暂时拒绝了缴印，随后设宴招待王莽的使者。

使者一看，单于身边的人有戒心了，那就更得趁早把旧印拿到手，以防夜长梦多。于是在宴会上，趁单于来敬酒之际，再次提出要他赶紧缴纳旧印，以换取新印。单于绝对是个直性子，没有花花肠子，又喝了点儿酒，大脑更容易短路。见使者催促，立马说好。旁边的人又提醒他，还没见到新印呢，那么急干什么？单于回答说，新印能有什么问题，换就换吧。于是把旧印就给换了，也没有当场检验新印的内容。

宴会散了以后，王莽使者团的人就开始琢磨，虽然暂时得逞了，但等单于缓过劲来，看到新印内容的确有问题，再来要求换回旧印，那也很麻烦，这里毕竟是匈奴的地盘。于是使者团里就有做事比较果断的，立马找来斧子把旧印给捣毁了。造成想换也换不了的既成事实。第二天，单于果然派人来，要求换回旧印，认为新印在规格和文字内容上都不对。使者就拿出已被捣毁的旧印给他们看，表示想换没得换了。

事已至此，单于也无可奈何，当然也怪自己粗心。但单于和匈奴贵族们的内心是非常恼火的，认为王莽这么做事不地道。此后也就不信守原先与汉朝政府订立的和平盟约，不断派遣军队骚扰边境。这样一来王莽也很不开心。他一不开心就要改别人名字，决定把匈奴单于的封号改为"降奴服于"。由此双边矛盾不断升级，最终爆发为连续不断的中小规模冲突和战争，给百姓带来很大损失。史称："北边自宣帝以来，数世不见烟火之警，人民炽盛，牛马布野；及莽挠乱匈奴，与之构难，边民死亡系获，数年之间，北边虚空，野有暴骨矣。"史家把汉匈双方从和平走向战争的责任，归诸王莽，说是由他"挠乱匈奴"所致。

王莽何止"挠乱匈奴"，东南西北各族裔领袖都受到王莽的"降封"待遇，从"王"被改作"侯"。于是"东、北与西南夷皆乱"，没一个安静的地方。在王莽统治下，无论是内政还是外事，都出现了困境。

做怎样的理想主义者

事实上这些混乱的改革，不仅给老百姓的生活造成很大麻烦，对王莽自己来说，设计这么一大套烦琐、复杂的东西，也并不轻松。那么王莽为什么要做这么多吃力不讨好的事情？《资治通鉴》用两段文字，分别从两个不同的侧重点，对王莽的心态进行了解析和说明。第一段是这么说的："莽因汉承平之业，府库百官之富，百蛮宾服，天下晏然，莽一朝有之，其心意未满，狭小汉家制度，欲更为疏阔。"王莽嫌弃汉朝的这套制度不够高端，要设计一套更高端的体制。用我们今天的话说，是要"升级"。

史书上还有第二段话："莽意以为，制定则天下自平。故锐思于地理，制礼作乐，讲合六经之说。"他一厢情愿地认为，只要把这些制度、名称改一改，符合儒家的经典，天下自然就太平了。有不少现当代学者认为，王莽是个理想主义者，理由也在这里。

那么王莽这些动作的效果如何呢？我们上文已经作了不少分析，《资治通鉴》是这么总结的："莽性躁扰，不能无为。每有所兴造，动欲慕古，不度时宜，制度又不定；吏缘为奸，天下警警，陷刑者众。"汉代的制度当然不会是十全十美的，肯定有需要改革的地方。但王莽一味相信书本上的知识，向往书本上描绘的古代理想社会，在设计、改动制度的时候，贪慕复古的虚名而不注重实际，不仔细调查研究。而且这个人性格又特别躁动，就是喜欢不停地改。本来就是不合时宜的改动，再加上一而再、再而三地乱改，那就更糟糕了。

既然有人认为王莽是理想主义者，那么不妨就从理想的角度分析一下这件事。有理想当然是好事，但有一条，你的理想不能成为别人的负担和麻烦。比如，你有一个理想，想挣更多的钱，于是你去念了个工商管理学硕士，希望毕业后找到更好的工作，遇到更好的平台，挣更多的钱。能不能成，那是另一回事，但理想本身没有错。理想实现了，体现的是你的个人价值，也没有妨碍到别人。假设换种模式，你的理想还是想挣更多钱，但这回你去开发了一个应用软件，帮助别人更方便地沟通、交流，你也从中得到了回报，挣了更多钱。这样的理想能实现，就不仅具有个人价值，还有社会价值。尽管主观上你只是想挣钱，但客观上你的创造便利了别人。再换一种模式，你还是想挣钱，于是你办了个网站，让别人通过你搭建的平台挣更多的钱，同时你也挣到比他们多得多的钱。这就更好了，不仅你自己想挣钱的理想实现了，别人想挣钱的理想也通过你得以实现了。

这三种模式，都是理想的正面典型。一个平凡的理想，可以实现个人价值；一个伟大的理想，可以通过帮助他人来实现社会价值。但也有另一种人，他的理想就是要给别人找麻烦，没有麻烦就制造麻烦，别人越麻烦、越愁眉苦脸，他越有成就感。大家不要以为我在说笑话，不仅古代的王莽属于这个类型，在今天的生活中也时时能碰到这种人。其他行业我不熟，讲讲我熟悉的大学。比如，大学老师要评职称，从讲师到副教授，从副教授到教授。这事归人事部门管。有些学校的人事部门是"外行管理内行"，几乎每年都要换一套晋升标准。前年说，评教授的标准是出版一本书，发表八篇文章，负责一个国家级项目。刚执行了一次，去年就改了，说是文章三篇就够了，但必须发表在权威刊物上，不是权威刊物不算；项目一个改两个，省部级以上就可以了。到今年又改了，说去年的那个标准不好，还是回到前年那个去吧。又比如，老有人提意见说教学课程体系不健全，要改。自从我参加工作以后，几乎年年都收到教学改革的文件，每次看都惊讶，刚定下来的新方案还没来得及施行呢，怎么又改了？这就是典型的无效管理，虚耗资源。大家想一想，类似的情况，难道我们在生活中碰到的还少吗？这不就是把理想建立在给别人添麻烦上吗？

王莽的做法事实上不仅仅是个人理想的问题，还有强迫别人遵从的意志在里面，其实是在体现一种权力意志。包括现在社会中一些类似的人，这些人的观念始终没转变过来，觉得自己是在管理岗位上，既然要管理，那就得体现权力意志。但从王莽失败的教训中，我们很容易看到：人是群居动物，凡事都要考虑到别人的便利，作为决策、管理部门，始终重视大众的便利，尤为重要。

光武中兴：不图小利

性格与眼界

　　东汉的开国皇帝光武帝刘秀，在古代帝王中算是比较成功的一个。但这个人的性格，在诸多有功业、有名望的帝王中却是个例外。何以称之为例外？一般情况下，这些功业卓著的帝王，都是比较外向鲜明、张力十足的英雄性格。刘秀的性格却并不张扬，以至于早年认识刘秀的亲戚朋友或是乡里乡亲，并没有人认为他是个能够成就大事的人。刘秀年轻的时候勤于务农，在乡亲们眼里，就是个本本分分的庄稼人。倒是刘秀的哥哥刘縯，结交豪侠，纵论天下，表现出很强的领导力，是个人物。对于这个勤于稼穑的弟弟，"縯常非笑之，比于高祖兄仲"。刘縯经常笑话刘秀，把他比作刘邦的二哥刘喜。刘邦的父亲刘太公老嫌刘邦游手好闲，认为刘邦不如他的二哥刘喜，因为刘喜种田勤快，善于治产业。后来刘邦做了皇帝，就问他父亲，说："你以前老觉得我不如老二，现在看看你再拿我和老二比，谁的家业更大？"刘縯就用这个故事讥诮刘秀，把他比作只知种田、胸无大志的刘喜。

两汉之际的人迷信一切将发生的重大政治事件都有先兆，很多预言都隐藏在所谓"图谶"之中。有一条谶语就提到，有一个叫刘秀的人将来会做天子。很多人都认为这个"刘秀"指的是当时的国师公，也就是王莽最重要的智囊。这个人原先的名字叫刘歆，后来改名叫"刘秀"。没有人认为谶语指的是在南阳种田的这位刘秀。咱们的这位主人公，也就是这位种庄稼的刘秀，有一次和大家开玩笑，说："你们怎么知道谶语里说的将来能做天子的刘秀不是我呢？"结果是"坐者皆大笑"，所有听众都觉得刘秀大言不惭，滑稽可笑。

事实上，包括刘縯在内的所有人，都看走眼了。刘秀居乡的时候，最大的乐趣的确是耕治自家的一亩三分地，但这个人绝不短视。刘秀的确没有表现出鲜明的英雄性格，但他颇有内智，看问题经常能把握住关键点，并作出正确的选择。

王莽篡位以后，平日喜欢结交豪侠的刘縯，利用他的社会网络资源，率先打出了灭莽兴汉的旗帜，试图组织军队推翻王莽，兴复汉室。刘秀当然也跟着他哥哥一起干了。刘氏兄弟联合了两支农民起义军，一支叫新市军，一支叫平林军，共同进攻长聚、唐子乡等地方，取得了胜利。胜利之后，义军内部矛盾却暴露出来了，史称："军中分财物不均，众恚恨，欲反攻诸刘。刘秀敛宗人所得物，悉以与之，众乃悦。"义军打了胜仗，得到了不少财物，但由于分配不均衡，开始内讧了。刚一开始，就因为财物分配不均而内讧，这哪是做大事的样子？刘秀就把刘氏家族所得到的财物全部集中起来，统统交给新市、平林这些起义军，自己分文不剩。这才把众人的矛盾、不满给平息下去。得到财物的义军都非常高兴，于是进一步攻打棘阳。通过这件事能看出，刘秀具备一项成就大事的重要品格：不贪图眼前的小利。能作这样选择的一个重要前提，是刘秀非常清楚自己的终极目标是什么。对于刘氏兄弟来说，目标是要推翻王莽，而不是守住这些财物。尤其刚一开始起事的时候，壮大力量比什么都重要，不能只把眼睛盯在这些浮财上。如果当时刘氏兄弟舍不得这些财富，因此而与其他起义军分裂、相互攻伐，还会有后来的东汉王朝吗？很可能撑不了几个月就被消灭了。

就这件事，我们还可以分析那些在起义过程中贪恋财富的一方。征战过程中，各阵营内部因财物分配不均而出现内讧的情况，历史上屡见不鲜。刘氏兄弟起兵的目的在于恢复汉室江山，但不见得所有参加起义的人都是奔着这个目的来的。人家不姓刘的，干吗非得要帮你恢复汉室？很多人反对王莽有自己的现实利益，比如对于一般农民或平民，关于他们起义的目的，史书有这样一个分析："初，四方皆以饥寒穷愁起为盗贼，稍群聚，常思岁熟得归乡里，众虽万数，不敢略有城邑，日阕而已。"很多人造反，直接的原因就是"饥寒穷愁"，吃不饱穿不暖。生活逼迫他们走上起义的道路，但内心深处始终有回到家乡过安稳日子的想法。所以很多义军都不敢占据城池，只是通过抢掠补给眼前的生活而已。这就是普通起义者和刘氏兄弟的区别，眼界不同，目标不同。起义军里鱼龙混杂，形形色色的人都有，尊重别人的利益诉求，但不能被别人的视角牵着鼻子走。

史书上有这样一段话，讲得非常好："今山东未安，赤眉、青犊之属动以万数。更始既是常才，而不自听断。诸将皆庸人屈起，志在财币，争用威力，朝夕自快而已，非有忠良明智、深虑远图，欲尊主安民者也……帝王大业非凡夫所任，分崩离析，形势可见。"这里就指出存在两种人的区别，一种是"庸人屈起，志在财币"，就像鲁迅笔下的阿Q，听说革命了，就"同去同去"，没有真正的革命理想，无非就想在这个过程中得到些财富。另一种则是"忠良明智、深虑远图"的人，具有聪明才智，并且能够深谋远虑。对于古人来说，"帝王大业非凡夫所任"，对于今天的人来说，只盯着眼前的小惠小利，没有远见、没有理想，同样成不了大事。

孔子的弟子子夏，有一次要去担任地方官员，临行前向老师请教为政的要点是什么。针对这个问题，孔子说了一段非常有启发性的话："无欲速，无见小利。欲速则不达，见小利则大事不成。"凡是有志向成就事业的人，都应该牢牢记住这句话。

昆阳大捷

欲成大事者，除了不贪图眼前小利外，还必须做到另一点：坚定目标。一旦有了判断，认准了方向，接下来最重要的，就在于坚持。欲成大事者必遭大难，必有大劫。歌词"没有人能随随便便成功"说得很对，成功没有捷径，更不可能天上掉馅饼。想成功却不愿努力，不愿承担风险，一遇到困难就要分家当散伙，那是《西游记》里的猪八戒。最能体现刘秀这个人同时具备有远见、不贪小利和目标坚定这两种素质的，是他在昆阳战役中的表现。刘秀昆阳大捷，是中国战争史上以少胜多的著名案例。当时王莽派遣十万左右的大军围攻被刘氏兄弟及义军据守的昆阳，刘秀这边能调动的作战主力仅八九千人，敌我实力悬殊。但最终刘秀获胜了，他是怎么做到的呢？依我之见，刘秀之所以能赢这一仗，关键并不在于战术，而在于心志。也就是我们前文提及的，做事情要有明确的目标，不轻易改变，并且在实现的过程中不为小惠小利所蒙蔽，始终记得自己最终想要的是什么。

地皇三年（公元22年），王莽为扑灭起义军，调动了很多人马。刘秀和其他几支起义力量合作，据守着昆阳城。而刘秀的哥哥刘縯则指挥着另一支义军正在攻打宛城。从形势上看，势力弱小的义军在两线同时开战。这时，很多和刘秀一起据守昆阳城的义军领袖见王莽的军队声势浩大，开始畏惧、退缩。"诸将见寻、邑兵盛，皆反走入昆阳，惶怖，忧念妻孥，欲散归诸城。刘秀曰：'今兵谷既少，而外寇强大，并力御之，功庶可立。如欲分散，势无俱全。且宛城未拔，不能相救。昆阳即拔，一日之间，诸部亦灭矣。今不同心胆，共举功名，反欲守妻子财物邪！'"很多人都想带着财物、老婆孩子散伙，刘秀跟他们说，义军本来就处于弱势，再分散的话，只能面临覆灭的厄运。大敌当前，不齐心协力应付，反而各自护守财物妻子，这能成事吗？

接下来，刘秀率领着一小支队伍突围，到附近的义军据点调拨救援部队。在附近的义军将领内部，发生了同样的情况："诸将贪惜财物，欲分兵守之。秀曰：'今若破敌，珍宝万倍，大功可成。如为所败，首领无余，何财物之有！'"这些人首先想到的，还是要保住到手的财富。刘秀跟他们说，被打败的话脑袋都保不住，何况财物？打了胜仗，还怕没机会积累财富吗？最终在刘秀的说服下，义军将领们团结一致，打响了昆阳保卫战。

而且刘秀不是光说不练，调停妥当后，刘秀亲自率领一千余骑兵部队，作为前锋，冲在最前面，击败了由数千人组成的敌方先遣部队。时人评价刘秀在这一仗的表现："刘将军平生见小敌怯，今见大敌勇，甚可怪也！"觉得刘秀这个人平时看不出来，遇见大敌，居然如此勇往直前。很多将领在刘秀这一精神的鼓舞下，纷纷摩拳擦掌，踊跃击敌，最终打赢了这一仗，在历史上留下了浓重的一笔。

刘秀不贪图眼前的小利，事实上也就是有大局观。反过来看一看当时王莽派出来的主将王邑，之所以会被刘秀打败，犯的第一个错误是轻敌，他认为双方力量悬殊，刘秀等人根本不足一虑。其次就是缺乏大局观，没有大局观，就抓不住问题的要害。王邑身边有位副将叫严尤，这人有些眼光。他劝说王邑："昆阳城小而坚，今假号者在宛，亟进大兵，彼必奔走；宛败，昆阳自服。"严尤已经看出来，这拨义军真正的灵魂人物是刘秀的哥哥刘縯。刘縯正在非常艰难地攻打宛城，如果这时候放弃昆阳，直接去咬刘縯的尾巴，刘縯就变得腹背受敌，很容易被消灭。刘縯一旦被灭，昆阳以及附近的义军处于群龙无首的状态，不攻自破。严尤的这个策略非常有道理，就是俗语所说的"擒贼先擒王"。

王邑却不这么想。他说："今将百万之众，遇城而不能下，非所以示威也。当先屠此城，蹀血而进，前歌后舞，顾不快邪！"他非常固执地认为，应该先把昆阳城打下来，否则怎么显得出人多势众的威风？王邑打算攻下昆阳城，"前歌后舞"地进城，没想到由于他的粗疏，反而被刘秀打败了。

刘秀打败王邑之后，战果是多方面的。先从小的方面来说："尽获其军实辎重，不可胜算，举之连月不尽，或燔烧其余。"缴获的军用物资以及其他财富，连搬了一个月还没搬完，多余的干脆烧了，以防被敌人重新取走。回过头来看刘秀说过的话，那是太有先见之明了。当初刘秀就跟他们说，打败了王莽的军队，还怕没有财物吗？怕的是没有作战的勇气和信心，最终连脑袋都保不住。

更为重要的是，通过这一仗："海内豪杰翕然响应，皆杀其牧守，自称将军，用汉年号，以待诏命。旬月之间，遍于天下。"这是从大的方面来看昆阳之捷的效果。所谓星星之火可以燎原，昆阳大捷不仅鼓舞了士气，也使得之前不敢贸然揭竿起事的人们纷纷起而响应，反对王莽，打起了恢复汉室的旗号。这是刘氏兄弟最乐意看到的形势。

当时有一个叫冯异的人，留心观察了刘秀的行为举动，回去对他的领导说："诸将多暴横，独刘将军所到不虏略。观其言语举止，非庸人也。"冯异认为刘秀能够成大事，不是庸人，最重要的理由就是刘秀不贪小财。如果只盯住眼前那点小利益，贪图财物，安于声色，那就是庸人，成不了大事。所以冯异的领导也在冯异的劝说下，归降了刘秀。当时天下很乱，起事的人很多，不少名将、名士，通过对各路义军领袖的比较之后，投奔了刘秀。其中很多人选择刘秀的理由跟冯异一样，认为刘秀不贪图眼前，必成大事。

忍杀兄之仇

对于欲成大事者来说，财宝、美色还不是最大的考验，有比这个更大的，比如在追求事业目标的过程中，碰到杀亲之仇怎么办？刘秀就碰到了这样的考验。在起义势力日益壮大的情况下，刘秀的哥哥刘縯在一次内讧中被杀了。兄弟两人感情非常好，同起事，共患难，现在哥哥被杀了，而且是被所谓的自己人杀害，该怎么办？刘秀接下来的举动，就直接关系到刘氏兄弟事业的成败。

刘縯是怎么被杀的呢？刘縯、刘秀率领的部队，后来加入了"绿林军"。经过一番势力整合之后，大家都觉得应该推举一位刘姓宗室称帝，以号召四方。而很多义军领袖忌惮刘縯英明能干，就推举了懦弱无能的刘玄为帝，史称"更始帝"。由此，支持刘縯的势力和支持更始帝的势力就有了矛盾。再加上刘秀取得昆阳大捷，天下震动。刘氏兄弟的威名，加重了更始帝的危机感。刘縯部下有位叫刘稷的将军，听说更始帝即位，深表不服，不接受更始帝授予的官职。于是更始帝派人收捕了刘稷，并意欲诛杀。刘縯为救刘稷，前去阻止，却被更始帝手下的人一起给杀了。

当时刘秀正在外地征战，听到这个噩耗之后，"自父城驰诣宛谢。司徒官属迎吊秀，秀不与交私语，惟深引过而已，未尝自伐昆阳之功。又不敢为縯服丧，饮食言笑如平常"。刘秀的举动大异于常人。既没有因为愤怒而举兵相向，也没有因为害怕而逃遁。而是亲自跑去面见更始帝谢罪。兄长被杀，刘秀为什么反而要去谢罪？政治斗争到这个份上，就没有什么确切的道理可说了。虽然更始帝这边早有除掉刘縯的心思，但事情毕竟是因刘稷不服从命令而起。这时若想着眼于长远，必须委曲求全，所以刘秀去谢罪。刘縯的老部下来向刘秀吊唁，刘秀不和他们私下交流，以防猜嫌。也从不提自己昆阳大捷的功劳，甚至不敢为刘縯服丧。饮食起居表现得和平常一样，谈笑自若。这反而让更始帝感到惭愧，为弥补刘秀，拜他为破虏大将军，并封为武信侯。

刘秀是个铁石心肠，对兄长之死毫不动心吗？并非如此，史书上说："秀自兄缤之死，每独居辄不御酒肉，枕席有涕泣处。"在别人面前强颜欢笑，每当独处的时候，却黯然神伤，为兄长的屈死而涕泣。这是为什么？因为每当想起兄长的时候，就应该记住，兄长最大的心愿是什么？是要推翻王莽，恢复汉朝。如果刘秀是个容易犯牛脾气的人，不计后果地去给兄长复仇，可能最终的结果就是把自己的性命也搭上，那兄长的远大理想与心愿，可能就永无实现之日。所谓小不忍则乱大谋。越是这时候，越不能冲动，不仅不能冲动，还要善于保护自己。活下去，努力实现兄长的理想与心愿，才是让兄长瞑目九泉的最佳办法。

反面教材王莽

在义军的打击下，王莽的政权摇摇欲坠。不仅遍地是反抗的力量，连当时的首都长安及其附近地区，也出现了很多反对王莽的势力，对王莽政权造成了直接威胁。这种情况下，怎么办呢？王莽一是很迷信，"告天以求救"，率领一拨人跑到祭天的地方大哭一通，下面这些人哭得越伤心越悲哀的，就越能封官。除了这一荒谬的举动外，当然也得有点实际行动，得调遣军事力量来保护自己。王莽封拜了九位将军，命他们率领精锐部队数力人迎敌。在临行之前，王莽把这些将军的老婆孩子都接到宫里做人质，以防这些将领临阵倒戈。这当然体现出王莽的小心眼儿。但这还不是致命的错误。王莽更大的错误，就是在这节骨眼儿上了，还舍不得钱财。

史书上说："时省中黄金尚六十余万斤，他财物称是。莽愈爱之，赐九虎士人四千钱，众重怨，无斗意。"当时能直接调拨的黄金还有六十多万斤，王莽叫人卖命却舍不得给钱，只发给将士们每人四千钱。将士们当然有怨气，这么低的补贴，谁肯卖命啊！所以虽然是精锐部队，人数也不少，但整支队伍毫无斗志，根本起不到抵挡义军的作用。在这一点上，王莽的性格和刘秀形成鲜明的对比。

果然，兵锋一接，王莽的部队就望风溃败。里应外合之下，汉军很快就攻进了长安，响应汉军的三辅军民也迅速攻破了皇宫。这时候王莽还拿着一把所谓"虞帝匕首"以自卫。所谓"虞帝匕首"就是模仿传说中的舜帝时代的形制所制作的匕首。后来很多学者就说了，舜帝时代哪来的匕首，分明是王莽食古不化，自欺以欺人。此外，王莽之前贪恋小财，不好好鼓舞士气，等敌人都已经攻进宫里来了，拿把匕首自卫还有什么用呢？所以最终还是难逃被杀的命运，新朝也就此宣告灭亡。

光武待人：设身处地

降服"铜马"军

刘秀能成功，除了有远见、不贪小利之外，还有值得我们注意的一点，就是他待人接物的风格。刘秀的待人风格，可以总结成三点：真诚、谦和、宽容。关于这三点，我各举一个事例予以说明。

王莽末年，民间起义的势力比较多，也比较复杂，力量很分散，名号也很多。若要天下重新恢复太平，就需要有一个整合的过程。刘秀也整合、降服了不少起义力量。其中有一支号为"铜马"的义军，在河北一带活动。由于粮食匮乏而逃遁，在与其他起义军联合的过程中，两度被刘秀所部击败，于是铜马军以及其他一些农民起义军将士就归顺了刘秀。

对于这些新归附而且相对来说纪律比较散漫、军事素养比较差的力量，刘秀手下一些重要的老部下持不信任态度。这种生分与隔阂，也导致了新归降过来的将士不自安。这一潜在的矛盾被刘秀察觉了。刘秀如何处理呢？史书上是这样记载的："王知其意，敕令降者各归营勒兵，自乘轻骑按行部陈。降者更相语曰：'萧王推赤心置人腹中，安得不投死乎！'由是皆服。悉以降人分配诸将。"这里的"王"指的就是刘秀，因为他当时被更始政权封为"萧王"。刘秀在察觉到归降者的不安之后，命令他们回到自己的营盘。等他们整顿好队伍之后，刘秀轻车简从，到这些新归降者的营地里去视察。刘秀为什么要轻车简从地去视察？就是表示自己对这些新归降者是完全信任的，去他们的营盘无须任何戒备。刘秀诚恳地表达了这一态度之后，那些原本不安心的降者也就放心了。他们没想到刘秀是这么信任他们，一点儿戒备也没有地就跑到他们布满刀枪剑戟的营盘中来了。于是纷纷表示，萧王这么推心置腹地待人，那还有什么说的，跟着他好好干呗。安定了人心之后，刘秀才着手对归降的将士进行重新分配。刘秀这样待人，不仅令人身服，而且做到令人心服，这是非常难得的领袖素质。

接见马援

天下纷争之际，除了刘秀之外，还有好多其他意图问鼎中原的力量。其中有一支盘踞在今天四川一带的势力，领袖名叫公孙述，也具有很强的实力。在刘秀称帝的同一年，也就是公元 25 年，公孙述在四川也称帝了。除此之外，还有一些势力在观望，一时还拿不定主意到底是归顺刘秀还是归顺公孙述。

这样的势力中，有一支以今天西北甘肃一带为根据地的，其领袖人物名叫隗嚣。作为隗嚣来说，不能光坐山观虎斗，也得拿个准主意，到底倒向谁。于是他就派遣了手下一位名叫马援的人去探探路，分别和公孙述、刘秀接触一下，看谁更能成事。马援也是一个了不得的人物，不仅有见识、能干，而且人脉很旺盛，和公孙述甚至是老邻居、老朋友。

于是马援先去看望公孙述。马援到公孙述那里之后，受到怎样的待遇，看到怎样的场景呢？史书上称："述盛陈陛卫以延援入，交拜礼毕，使出就馆。更为援制都布单衣、交让冠，会百官于宗庙中，立旧交之位。述鸾旗、旄骑，警跸就车，磬折而入，礼飨官属甚盛，欲授援以封侯大将军位。"从这个描述就可以看得出来，公孙述接见马援的礼节是非常复杂的，全副排场，百官毕集。相见、交拜、出入程序都有讲究，还给马援添置了新衣冠。应该说礼遇非常高，属于高规格接待。而且要封马援为侯，并授予大将军之位。当然也是相当看得起马援。

那些跟随马援一起入蜀的手下，一看公孙述这么看得起马援，还给予这么高的官位，都愿意留在四川。出人意料的是，马援并不以此为喜，反而觉得四川不是久留之地。为什么呢？马援对他的手下们说："天下雄雌未定，公孙不吐哺走迎国士，与图成败，反修饰边幅，如偶人形，此子何足久稽天下士乎！"马援说现在"天下雄雌未定"，也就是说，公孙述虽然自己称帝了，但别忘了天下局势还没最终尘埃落定呢。称帝的，有实力的，不止他一个，他只是自己称帝而已，天下所有人都公认了吗？这个时候，没有危机意识，没有竞争意识，不吐哺奔走，迎接国士，反而大摆排场，俨然一副唯我独尊的气派，以为自己做皇帝真是铁板钉钉的事。太自以为是了吧！这里的"吐哺"也是一个典故。西周初年的辅命大臣周公，礼贤下士。他听说有贤才来，哪怕正在吃饭，也要把嘴里的食物吐出来，先接见贤才。说明对人才的尊重。公孙述接待马援的场景，看上去规格很高，事实上体现出公孙述这个人妄自尊大，既缺乏危机意识，也缺乏自知之明。透过这一幕，马援认为公孙述成不了大气候。所以马援就辞别公孙述，离开了四川。

事实上，在去见公孙述之前，马援对老友相会这一幕，是有所期待的。马援期待见到公孙述的时候，应该是怎样的场景呢？史书上说："援素与述同里闬，相善，以为既至，当握手欢如平生。"马援以为，公孙述应该以老朋友相见的心态对待这次会面，握手言欢，就像大家没发达之前那样。却没想到公孙述摆出这么大的排场，看似高规格接待马援，实则是在强调自己的皇帝身份。

所以马援回去对隗嚣说："子阳，井底蛙耳，而妄自尊大。不如专意东方。"子阳是公孙述的字。马援对公孙述的评价是井底之蛙，不知天下英雄几何，妄自尊大，在老朋友面前，还不真诚相待，搞这么虚的一套。打个比方，你现在出了点名，或者发了点财、当了个官，老朋友来找你，亲戚长辈来找你，你一概说，先找我秘书联系。老朋友、亲戚长辈怎么看待你？怎么议论你？这些人谁还不知道你的底细，何必来这些虚的。在别人眼里，你就是一个不够真实的人。基于这样的判断，马援劝隗嚣"专意东方"，也就是选择刘秀比较妥当，因为刘秀立都洛阳，在隗嚣的东面。

当然隗嚣还是派遣马援去见刘秀，马援因此就到了洛阳。进入洛阳宫之后，马援看到了什么？他看到刘秀"在宣德殿南庑下，但帻坐"，殿内布置非常简易，不仅没有体现帝王威严的仪仗卫士，刘秀的装束也非常简单，只用帻巾包裹头发，坐在那儿。看到马援进来后，刘秀笑脸相迎，还跟马援开玩笑说："卿遨游二帝间，今见卿，使人大惭！"意思是马援游走于两个皇帝之间，见到他令人惭愧。为什么说惭愧呢？我想刘秀应该是这个意思：见到他就让刘秀想起来，原来自己不是这天下唯一的皇帝，在其他地方还另有一个皇帝呢！这当然是游戏调侃的话。这样一来，会见的场面就非常轻松，让马援毫无压力。并不像见公孙述那么累，始终得端着。

当然刘秀刚才那句话，也有话外之音。知道马援是先去了公孙述那儿，再来他这里的。说明马援不是打心眼儿里一开始就认准他的，而是要判断选择一番。现在怎么样，选择得如何了？马援很聪明，自然听出话里的这番意思了，于是回答说："当今之世，非但君择臣，臣亦择君矣。臣与公孙述同县，少相善。臣前至蜀，述陛戟而后进臣。臣今远来，陛下何知非刺客奸人，而简易若是？"首先陈述了自己观察选择的合理性。天下未定，什么都说不准。所以在这当口，不仅仅是明君要选择贤臣，贤臣也要掂量掂量你到底是不是明君。要是选错了，那可是一失足成千古恨啊。接下来，马援陈述了一个观察、比较之后看到的差异现象。马援说："我和公孙述是老朋友，去见他的时候，他尚且先摆足了仪仗，然后才让我进去。我和你以往并无交情，你也不了解我，怎么这么随随便便地就见我了，难道不怕我是刺客吗？"刘秀又大笑，回答道："你恐怕不是刺客，是说客！"刘秀这番真诚相待的气度，彻底令马援折服，最后说道："今见陛下恢廓大度，同符高祖，乃知帝王自有真也！"大家注意，最后这句话里，马援已经承认了刘秀是当时天下的真命帝王。这么大的气度，即便对待一个不知来历的陌生人，也完全没有小心眼儿、小算盘。马援认为，只有这样的人才成得了大事。相比之下，公孙述就太拿自己当回事了。与老友相见，也这么多繁复的礼节。繁复的礼节事实上代表着隔阂。他缺少刘秀待人的这番诚心。刘秀在接见马援这件事上体现出来的诚心与大度，和之前降服铜马军的做法在本质上是一致的。同时也体现出刘秀待人的第二个特点：谦和。

包容名士

刘秀称帝之后不久，试图广揽人才，征召天下贤士。于是发生了这样一件事，建武五年（公元 29 年），"诏征处士太原周党、会稽严光等至京师。党入见，伏而不谒，自陈愿守所志"。所谓处士，就是有当官的能力却没有当或不愿意当官的士人。当时征召的处士中，有两位名人，其中一位是太原的周党，另一位是会稽（今浙江绍兴、宁波一带）的严光。这两人到京师洛阳和刘秀相处之后，都发生了点儿状况。这里单讲周党。古文中有一个词，叫"伏谒"，指谒见尊者的时候，伏在地上，自报姓名，表示禀告、拜见。周党见到光武帝刘秀，居然"伏而不谒"，虽然伏在地上，却没有通报姓名、表示觐见的意思。而且表示愿意继续过自己的隐居生活，不想来朝廷当官，希望皇帝能成全他。

周党"伏而不谒"的举动当然是对尊者的不敬，更何况他当时面对的是皇帝。皇帝给你官当你还不要，更有不识抬举的嫌疑。于是有一位名叫范升的博士看不下去了，禀奏光武帝说："伏见太原周党、东海王良、山阳王成等，蒙受厚恩，使者三聘，乃肯就车。及陛见帝廷，党不以礼屈，伏而不谒，偃蹇骄悍，同时俱逝。党等文不能演义，武不能死君，钓采华名，庶几三公之位。臣愿与坐云台之下，考试图国之道。不如臣言，伏虚妄之罪。而敢私窃虚名，夸上求高，皆大不敬。"范升批评周党这类人，"文不能演义，武不能死君"，这里的"演义"应该是指阐述、发挥儒家经义的意思。他认为这类人也没什么特别的能耐，现在朝廷给予他们这么高的礼遇，不仅扭扭捏捏不肯顺服，在拜见皇帝的时候又这么傲慢无礼。范升说："依我看，这些就是哗众取宠、沽名钓誉之徒，徒具虚名，没有真才实学。"范升还自告奋勇，愿意和周党这些人一起比试比试。比试什么呢？范升愿就治国之道，和周党等人进行论辩。最后范升说，如果自己输了，通过辩论证明周党等人真有学问，他愿意伏虚妄之罪。如果周党他们输了，那就证明这真是些欺世盗名之辈，要以对皇帝大不敬论处。在古代，对皇帝大不敬，那是很重的罪。

接到范升的奏议之后，光武帝刘秀什么反应呢？"书奏，诏曰：'自古明王圣主，必有不宾之士。伯夷、叔齐不食周粟，太原周党不受朕禄，亦各有志焉。其赐帛四十匹，罢之。'"刘秀说这有什么好介意的，不必这么计较了。古代的明王圣主，都会碰到几个不给面子的名士。正是因为能包容这些不给他面子的人，才更体现出这些贤明君主的品德。比如，商周之际有两位大名人，伯夷、叔齐兄弟。当时几乎所有人都拥护周武王讨伐残暴的商纣王，只有这兄弟俩反对，拦住周武王的马头，说他这样做是以臣伐君，是不对的。周武王也没拿他们怎么样。伐纣成功，周朝建立之后，这兄弟俩就隐居在首阳山，"义不食周粟"，不吃周朝的饭，只"采薇而食"，最终饿死。这是很有名的故事，《史记·伯夷列传》中有记载。刘秀在这里就用了这个典故，把周党等人比作当年的伯夷、叔齐，表示应该尊重这些各有志向、持不同意见的士人。最后刘秀还赐给周党等人每人四十匹帛，把他们送回原籍。这件事刘秀处理得非常漂亮，体现出了一位君主应有的气度。这是刘秀待人第三个值得称道的优点：宽容。

令名不终

儒家经典中有一句名言："靡不有初，鲜克有终。"感慨人们做事往往有始无终。英明贤能如光武帝刘秀，也在所难免地犯了这个错误。我之前讲了三个小故事，分别用来说明刘秀待人真诚、谦和、宽容。但在他事业比较稳固的后期，却未能自始至终地把这些优良品德延续下去，而是在骄躁情绪下，给自己这些品德染上了瑕疵。刘秀犯的这个错误，和一位名叫韩歆的大臣有关。

刘秀还在打天下的过程中，韩歆就已经归降了他。等刘秀称帝，建立东汉，韩歆也成为一位比较有地位的官员，从建武十三年（公元37年）开始担任大司徒。那是非常重要的职位。但过了两年之后，到建武十五年的正月，韩歆就被罢免了。关于韩歆为什么会被罢免，《资治通鉴》上有这么一段话："歆好直言，无隐讳，帝每不能容。歆于上前证岁将饥凶，指天画地，言甚刚切，故坐免归田里。"韩歆的性格喜欢实话实说，而且非常切直，经常讲话毫无隐讳。刘秀虽然能够宽容那些名士，但对于经常面对面讨论问题的大臣，这样直率的性格，刘秀不太适应，也不太喜欢。有一次，韩歆在刘秀面前陈述一个观点，认为接下来一年农业收成将不好，会发生饥荒。为了证明自己的观点，韩歆指天画地，辩论得非常厉害，言辞非常刚直、激烈。这一表现再次让刘秀感觉不舒服。刘秀觉得，经常一起讨论问题的大臣总是这样哪行啊？自己作为皇帝也不太有面子，于是就把韩歆罢免了。

但这个故事到这里并没有完全结束。《资治通鉴》接下来说道："帝犹不释，复遣使宣诏责之。歆及子婴皆自杀。"罢免了韩歆之后，刘秀心里还是不痛快，特别派遣使者前去宣诏，责备韩歆。责备的主要内容当然就是指责他在皇帝面前说话不注意分寸仪态。这样的责备导致了很严重的后果，不仅韩歆迫于压力自杀了，连他的儿子韩婴也跟着一起自杀了。

韩歆之死，舆论上反响很大。史书上说道："歆素有重名，死非其罪，众多不厌。帝乃追赐钱谷，以成礼葬之。"趋炎附势的个体总是存在的，但从整体上看，舆论、民心并不会因为谁更有权势而倒向谁。即便是像刘秀这样很多方面还算不错的皇帝，真做错事的时候，舆论也会公正地给予批判、指责。韩歆由于敢于直言，所以享有很高的威望和声誉。作为大臣，敢于说话，是正确的事。对于大臣来说，怕的就是唯唯诺诺，不敢承担责任。韩歆这样一位正直和具有责任感的大臣，却因敢于说话而遭到皇帝的谴责，并因此而自杀了，当然不是朝廷的美事。所以当时舆论认为韩歆"死非其罪"，很多人表示不服。这样的舆论风向，也就是意味着要求刘秀对韩歆的死承担责任。迫于舆论压力，刘秀对韩歆的家属进行了抚恤，赐给韩家一定数额的钱币和谷物，并以比较高的规格、礼遇安葬了韩歆。

刘秀虽然在韩歆死后做出了追悔的姿态，但他逼死直言敢谏的正直之臣的污点，却永远抹不去了。针对这件事，司马光在《资治通鉴》中专门写了一段评论。司马光说："昔高宗命说曰，'若药弗瞑眩，厥疾弗瘳'。夫切直之言，非人臣之利，乃国家之福也。是以人君日夜求之，唯惧弗得闻。惜乎，以光武之世而韩歆用直谏死，岂不为仁明之累哉！"司马光引用了儒家经典《尚书》里的一句话，"若药弗瞑眩，厥疾弗瘳"，古文比较艰涩，其实说的就是大家都熟悉的俗语"良药苦口利于病"的意思。如果这药不能苦涩到令人耳目昏花，那说明药效不好，也治不了病。与"良药苦口利于病"相对应，还有一句"忠言逆耳利于行"，有些正确的意见，往往听起来让人不舒服。司马光说，敢于实话实说，对说话的大臣自身来说未必是好事。或是得罪皇帝，或是得罪权贵，难免招致打击报复。正因为存在这样的风险，所以明哲保身的大臣比较多，真话、实话非常难得。一旦有这样的大臣，有这样切直的意见，那就是整个国家的福利。只有当舆论可以公开、自由地讨论各种各样的事务，说实话不会遭打击的情况下，一个国家才建设得好。所以明智的君主，总是孜孜不倦地寻求这些真话、实话，唯恐听不到。哪能因为忠言逆耳就拒绝听呢？哪能因为一个大臣经常说实话而打击他呢？刘秀这么对待韩歆，显然是大错特错。司马光说这件事是刘秀的"仁明之累"。司马光对刘秀的评价，整体上还算可以，认为刘秀作为一名君主，在仁德和明智这两点上，做得比一般君主要好。但迫害韩歆这件事却是个大污点，成为刘秀声名的负累。

　　大家注意，大臣应该具备据实直言的品质，皇帝必须虚心接纳各种不同意见，是《资治通鉴》中反复出现的主题。作为北宋名臣的司马光，在他自己的政治生涯中，也是这么践行的。所以我们有时候会看到一些看似矛盾，实则内在一致的现象，即像司马光这样有担当、有责任感的大臣，往往是以反对皇帝的形式来体现自己对国家的忠诚的。其原因就在于，中国古代贤明的政治家们都认为，宽松的舆论环境，允许不同意见的存在，各种意见都有发声的机会，是国家得以治理的基本保障。

名臣风骨：保持自省

正色立朝的宋弘

历史上任何一个开明的时代，除了有雄图、有远见的帝王之外，也不能缺少一批有风骨、有德行的大臣。刘秀重建汉朝统治，史称"光武中兴"。但中兴事业的成功，并非刘秀一个人的功劳。帮助刘秀打天下的，有著名的云台二十八将。曾留下"男儿当马革裹尸"豪言壮语的名将马援，由于是外戚，还没能排进这二十八位之列，可见当时人物之盛。天下太平之后，更需要有能正色立朝的文臣，以及有操守、敢执法的能臣。这样的人物，在光武帝时代同样并不缺乏。

先介绍一位叫宋弘的人物。宋弘的特点，用一个字来形容，就是"正"，直道而行，没有邪思。《资治通鉴》采用了《后汉书》所载的两个关于宋弘的故事，对这个人物加以重点描述。第一个故事，讲宋弘向刘秀举荐了一位人才，之后却后悔了。为什么呢？

宋弘举荐的这位人才叫桓谭，在两汉之际也是大名鼎鼎的人物。刘秀曾经问宋弘，有没有学问通博的士人可以推荐。宋弘就推荐了桓谭，并称赞桓谭的学问，可以和扬雄以及刘向、刘歆父子比肩。这三位都是西汉后期最为出色，对后世影响最大的学者。于是光武帝就开始亲任桓谭。

光武帝特别喜欢桓谭的一项技巧，就是他的琴艺。"帝令谭鼓琴，爱其繁声。"所谓繁声，应该是指桓谭的琴音修饰性很强，用今天的话说，弹出来很花哨。或者也可以理解为是一种靡靡之音，柔弱、不振作。古人的艺术审美，往往崇尚纯正质朴，反对花里胡哨。同样反对柔靡、不振作的音乐。而且，古人的艺术审美观念往往和道德评判联系在一起，认为纯朴的、阳刚的艺术风格，代表着好的道德修养。而花哨的、柔靡的艺术风格，则是道德败坏的象征。所以我们经常看到古人说"靡靡之音，亡国之声"。这里面的逻辑就是，柔靡的音乐，一定和奢侈浮靡的生活作风联系在一起，而奢侈浮靡的生活作风，当然就是亡国的前兆。但不可否认，桓谭的琴声自然有吸引人感官的地方，让人听着悦耳，所以光武帝喜欢听。

但宋弘听到桓谭这样给光武帝奏乐之后，却不开心了。他肯定是在想，我推荐你桓谭，是希望用你的学问帮助皇帝进步，你怎么给皇帝弹起靡靡之音来了？让皇帝沉湎在这样柔靡的音乐之中，消磨他阳刚有为的治国意志，我们的国家能好吗？早知道这样，当初就不推荐你了。

　　有一次，宋弘等着桓谭给皇帝弹完琴从宫里出来，自己穿着上朝的衣服，非常隆重、严肃地等在府上，找来一个手下说："你把桓谭去给我叫来。"桓谭来了以后，宋弘也不让他坐，劈头盖脸地把桓谭狠狠批评了一通，说："我推荐你，是希望你用道德学问辅佐皇帝，没料到你却用这些靡靡之声蛊惑皇帝。你这样能算忠正之臣吗！你是自己改呢，还是等着我来治你？"这番训斥把桓谭吓坏了。宋弘位在三公，是大司空，级别比桓谭高多了，而且为人正直。他说你不对，要治你，肯定不是跟你开玩笑。于是桓谭连连赔罪，宋弘又告诫了他好久，才让他走。

　　后来有一次光武帝大会群臣，又要让桓谭来展示一下琴艺。桓谭正想弹的时候，一抬头看见宋弘端然正色地坐在那儿，心里打一颤，手指头就不听使唤了，发挥得非常失常。史书上所谓"失其常度"。光武帝感觉很奇怪，就问："这不是你平时的水平啊，今天是怎么了？"还没等桓谭回答，宋弘站出来先回答了。他对刘秀说："臣所以荐桓谭者，望能以忠正导主。而令朝廷耽悦郑声，臣之罪也。"这里的"朝廷"，指的就是当时的皇帝刘秀，所谓"郑声"，借用古人对《诗经》的理解，就是指代靡靡之音。宋弘把推荐桓谭的意思又重复了一遍，说本想推荐他以学问道德、忠正之义来辅导皇帝，没想到却令皇帝沉迷于靡靡之音。宋弘说，这是自己的错。宋弘这番话在批评桓谭的同时，其实也批评了刘秀。言下之意，作为皇帝，怎么可以沉迷这样萎靡不振的音乐之中呢？刘秀听完这番话之后也非常动容，不得不检讨自己的行为，表示以往沉迷于这样的音乐，的确是错了。

以上是关于宋弘的第一个故事，还有另外一个故事。刘秀有个姐姐，在东汉建立以后被封为湖阳公主。后来湖阳公主的丈夫去世了，刘秀想从当朝名臣当中帮姐姐物色一个再婚对象。跟我们现在一样，介绍对象总得问问人家有什么要求，有什么意向。刘秀也是，先去试探他姐姐的意思，看看朝臣中有没有她中意的。公主就说了："宋公威容德器，群臣莫及。"宋公就是指宋弘。她觉得宋弘仪表堂堂，人品又好，其他大臣都没法比。刘秀明白姐姐的意思了，就说这事别急，等他慢慢张罗一下。后来有一次，刘秀召见宋弘，就让湖阳公主坐在屏风后面，听他们谈话。刘秀对宋弘说："谚言'贵易交，富易妻'，人情乎？"刘秀说，有句俗话说"贵易交，富易妻"，意思就是说发达了以后呢，就得换换朋友，朋友圈得上个档次嘛；有了钱以后呢，就得换换老婆，找个年轻漂亮的，或找个背景更硬的。人情都是这样的吗？

宋弘回答说："臣闻贫贱之知不可忘，糟糠之妻不下堂。"宋弘说，他听到的说法和这个不一样。他听到的是"贫贱之知不可忘"，贫贱时候的朋友往往才是真心朋友，因为这时候跟你交朋友的，对你无所求，从你身上也求不到什么。你穷困潦倒的时候，人家还愿意和你做朋友，这样的友谊是不能忘却的。还有一句叫"糟糠之妻不下堂"，这里的"糟糠"指酒糟、米糠之类。所谓"糟糠之妻"，就是陪着你一起吃这些粗劣食物的妻子，比喻共度艰难的患难夫妻。你贫穷的时候，人家用最美好的青春年华陪着你吃糟吃糠，等你发达了、有钱了，就嫌弃人家，要换年轻漂亮的老婆，那还是人吗？无论是面对贫贱之交也好、糟糠之妻也好，总括成一句话：人不能忘本，不能一阔脸就变。这是宋弘所认的道理。听完宋弘这番话，刘秀就冲着屏风后面说了句："事不谐矣！"就是告诉湖阳公主，这门亲事成不了了，宋弘不肯换老婆。

这两个故事，塑造出宋弘一身正气的形象。无论是对桓谭的批评，还是拒绝湖阳公主的亲事，都让人感觉到，这个人非常正直。

廉洁自律的孔奋

接下来，我们再来介绍一位名叫孔奋的人物。孔奋祖上在西汉的时候也当过不小的官。孔奋自己曾经跟随西汉末年最著名的学者刘歆学习。刘歆非常欣赏他，甚至对其他学生说："孔奋的学问已经超过我了，我得向他学习。"孔奋除了学问好之外，品行也非常好。他在品行上最大的特点，用一个字来形容，就是"廉"。

王莽当政的后期，天下扰乱。为了躲避祸乱，孔奋带着老母、幼弟来到相对偏远的河西地区生活，大约就是今天甘肃省境内。在那边，孔奋在当时盘踞河西地区的军阀窦融手下工作。窦融任命他为姑臧长。姑臧在今天甘肃省武威市一带，窦融请他管理姑臧这块地方。姑臧虽然离传统意义上的中原比较远，但经济活动却并不消寂。在那个地带，汉人和少数民族人民杂居，经济生产各有特色，所以相互交换商品的贸易活动特别活跃。于是姑臧成为整个河西地区最为富庶的地方。很多在姑臧为官的，或是在当地有地位、有势力的士人，都发了不小的财。所以《资治通鉴》上说："姑臧在河西最为富饶。天下未定，士多不修检操，居县者不盈数月，辄致丰积。"这些士人，当然应该都是读过书的人，却不懂得检点自己行为，践履操守，仗着手上的权力敛财。一般到姑臧上任的，用不了几个月就能发大财。

唯有孔奋与众不同。史称："奋在职四年，力行清洁，为众人所笑，以为身处脂膏不能自润。"孔奋在自己的职位上，整整四年，严格律己，洁身自好，没有找任何机会去丰殖家产。因此还被人笑话，被人认为是傻子，守着这么肥的一块肉，居然不知道去咬一口。然而孔奋不为这些嘲讽的语言所动，依然保持着廉洁的作风、端正的品行。孔奋的领导窦融，是当时的割据军阀中比较早归顺刘秀的。后来窦融应刘秀之召入朝，举家迁往首都洛阳，他的很多下属当然也跟着一起入朝。对于当时这一大批人上路时的情形，史书上描写道："及从融入朝，诸守、令财货连毂，弥竟川泽，唯奋无资，单车就路……"满眼望去，一路上车子连着车子，全都是其他官员的家当、资财。唯独孔奋，只有一辆供人乘坐的单车，没有任何余财。这样的"傻子"，令人感动啊！

腹有诗书，当然是一个君子应有的文化涵养，但更为重要的是，要把诗书里的道理落实到生活、工作的实践中去。在行动上，表现得真正像一个君子才是更为重要的。孔子说："弟子入则孝，出则弟，谨而信，泛爱众，而亲仁。行有余力，则以学文。"孔子这段话的意思是说，一个人应该首先在行动上做到孝顺父母、敬爱兄长、恭谨、诚信、爱人、亲近仁德，能做到这些以后，如果还有余力的话，再去学习诗书、文辞。很明显，孔子强调落实节操品行应优先于学习书本知识。孔子的弟子子夏说："事父母，能竭其力；事君，能致其身；与朋友交，言而有信。虽曰未学，吾必谓之学矣。"子夏的这句话说得虽然不如孔子委婉、温和，但在本意上是一致的。子夏说，如果一个人侍奉父母、君长都能做到竭尽其力，不爱其身，又能做到与朋友交往言而有信，这样的人即便是没有学习过，他也认为这个人已经学习过了。也就是说，看一个人有没有教养，关键不是看他有没有读过书，关键是要看他的行为符不符合道德标准。

孔奋的故事，配上前文所引《论语》中的两段话，可以引发我们对当代社会现象的一些思考。如今全社会基本上已经取得了共识，要继承传统文化中优良基因。但继承传统文化，不能光停留在口头上，更要体现在实践中。继承传统文化，不是光编几本书、搞几个讲座、拍几个节目就可以了。更重要的，是把这些闪烁在古人身上的优秀品质，内化为我们自己的道德操守，体现在日常生活中。今天的人，拿着高学历、有着非常体面的工作，却连最基本的交通规则都不能遵守的，比比皆是。更不要说那些有了高学历之后，在领导干部岗位上犯错误的人。孔子教学生，分德行、言语、政事、文学四个科目，这就是所谓的"孔门四科"。四科之中，德行居于首位。所谓德行，也就是要修炼品德，并把它体现在行动上。我们前面提到的子夏，是文学科的代表，是孔门弟子中"学文"有所成就的典型。他尚且说践行品德远远比徒然的文章学习更重要，可见圣人的教育，是多么注重操行实践。如果说孔奋这样廉洁自律、洁身自好的行为是傻子的话，我们的社会正缺少这样的傻子，应该有更多这样的傻子才好。

刚正不阿的董宣

接下来再介绍一位不畏权贵、执法如山的名臣董宣。董宣在光武帝时代担任洛阳令，负责京畿地区的治安。他的性格特点，用一个字来形容，就是"刚"。今天的戏曲舞台上，还流传着一个关于"强项令"的故事，就是根据董宣的事迹改编的。"项"是头颈，所谓"强项"，就是说这个人的颈脖很刚强、很硬气，不肯低头。"强项令"是人们对董宣的称呼。这个称呼由何而来呢？

这个故事还是跟光武帝的姐姐湖阳公主有关。在董宣担任洛阳令期间，湖阳公主家有个奴仆，光天化日之下杀了人，然后躲进公主家里，仰仗公主的权势庇护。有一次公主出行，这个杀过人的奴仆陪同公主一起坐车出行。董宣得知消息后，就在他们肯定会经过的地方等着。等到了以后，董宣叫停了公主的车子，以刀画地，痛陈公主包庇杀人奴的过错。并大声喝令这个奴仆下车，当着公主的面，就把这个身背血债的公主家奴给格杀了。

这个情景当然把公主气坏了。俗话说"打狗看主人"，她认为自己是堂堂皇帝的姐姐，一个小小的洛阳令，居然敢这样对待她，当她的面杀她的人，那还了得！于是跑到宫里向光武帝哭诉去了，要光武帝替自己出头，整治这个不识好歹的洛阳令。光武帝听完也很生气，觉得不仅仅是不给姐姐面子，也是没把自己放在心上啊。于是召董宣进宫，打算命人用木棒将董宣打杀。

董宣说："在我死之前，请允许我说一句。"刘秀问："你想说什么？"董宣说道："陛下圣德中兴，而纵奴杀人，将何以治天下乎！臣不须箠，请得自杀。"你的目标是要重振汉朝的统治，达到天下治理，现在却纵容、包庇一个杀人的奴仆，朝廷纲纪何在？你拿什么去治理天下，又如何令天下人心服？我恪守职责、严格执法，你却要杀我。我用不着你杀，今天在这里自杀了结就是了。

董宣的性格的确非常刚强，说完立即用自己的头去撞屋里的柱子，血流满面。被董宣这么一说，刘秀倒有点醒悟过来了，赶紧让身边的小太监拉住董宣，不能让他再撞了。真撞死在这儿的话，他自己必将在历史上留一个逼死忠正之臣的骂名。但另一方面，刘秀又想安抚湖阳公主的情绪。一琢磨，让董宣向公主叩个头，赔个不是，这件事就算过去了。要换成一般人，很可能顺着这个台阶就下来了。法也执了，罪犯也正法了，在皇帝面前意见也表达了，理也占住了。现在皇帝想了个折中的方法，来打圆场，总得给皇帝几分面子吧。要不说董宣这个人刚烈呢？居然坚决不给刘秀面子，坚决不肯给公主赔理。刘秀叫人强摁住董宣的脖子，让他向公主顿首赔不是，董宣两只手牢牢地撑在地上，始终不肯屈服。董宣认为，自己秉公执法没有错，为什么要低头道歉？这件事，第一个错的是杀人的奴仆，第二个错的是包庇奴仆的公主，第三个错的是是非不分的皇帝。要道歉，也应该是公主和皇帝，凭什么要他这个没有做错任何事情的人道歉？大家看，董宣这个人就是硬气。在那个时代，在皇帝面前敢这样做，着实令人佩服。

湖阳公主看到这情形，就在边上对刘秀冷嘲热讽，她说："文叔为白衣时，藏亡匿死，吏不敢至门。今为天子，威不能行一令乎？"文叔是刘秀的字，他们兄弟里面刘秀是老三，所以字文叔。湖阳公主说，以前你是个平头百姓的时候，藏匿重刑犯，地方官吏都不敢惹你。怎么现在贵为天子了，威严还不足以让一个小小的洛阳令屈服？湖阳公主这番嘲讽，换成今天的话来说就是，刘秀你越活越回去了。

这时候刘秀笑了，说："天子不与白衣同。"意思就是说，做了皇帝了，的确不能像做百姓时候那样任性。当刘秀说这句话的时候，说明他的确醒悟过来了，已经明白了董宣前面所讲的那番话的价值。我们一直反复地讲，中国古代皇权政治，最大的问题就是很难区分权力的公与私，尤其是在最高层的皇帝权力层面。皇权是一种公权力，不是私权力，这在中国古代政治哲学的设计当中，讲得是非常清楚的。但要皇帝们认识到这一点，并努力践行，的确是非常困难的事，也没有相应的制度予以保障。这就是中国古代政治中最大的弊病之一。在这个故事里，董宣和刘秀的矛盾，体现的就是政治理念和政治实践的冲突。董宣坚持执法为公、皇权为公的理念。刘秀一开始就犯了权力为私的错误。董宣对刘秀的一通批评就是在说，难道做皇帝的目的就是能让家里人胡作非为吗？这个问题要回答的话很简单：当然不是。问题在于，作为皇帝能否把这种意识落实到具体的行事当中。刘秀难道不明白这层道理吗？当然明白。但在具体事情面前，尤其在情绪激烈的时候，往往就忘了还有这层道理。经董宣一提醒，刘秀明白过来了，皇权是要为公的，是用来治理天下的，不是用来饱私欲、泄私愤、徇私情的。司马光在《资治通鉴》第一卷开篇的地方就说："夫以四海之广，兆民之众，受制于一人，虽有绝伦之力，高世之智，莫不奔走而服役者，岂非以礼为之纪纲哉。"这里虽然说的是"礼"，但"礼"和"法"的道理是一样的，二者都是维持社会秩序的纲纪。不要以为做了皇帝就了不起了，从个人能力的角度讲，这天下比皇帝更聪明、更有能力的人多得是。只不过为了维持社会秩序，需要有一个人来扮演皇帝这个角色，如此而已。所以不仅皇权不能高过礼法，皇权还必须服从礼法。这是司马光贯穿在整部《资治通鉴》中的鲜明主张。

　　刘秀在中国古代皇帝中，毕竟还算是不错的一位，尚且要犯分不清皇权公私的错误。中国古代的皇帝是贤明公正的多，还是昏庸自私的多？当然是昏庸自私的多。通过这个事例，皇权政治的弊端就一目了然了。好在刘秀还算明白事理，看董宣实在不肯低头，就让他出宫去了，送了他一个"强项令"的雅号。不仅不再为难他，还觉得董宣这个人非常不错，赏赐了他三十万钱。董宣拿了这笔钱也没有放进自己的腰包里，还是分给了和他一起严格执法的下属们。这里又体现出董宣另一种优秀的品德。史称董宣："由是能搏击豪强，京师莫不震栗。"经历这次事件后，董宣执法更不含糊了，连皇帝的姐姐都敢收拾，谁还敢在他眼皮底下犯法？"强项令"董宣，也因此青史留名，彪炳千古。

第四卷

竞合策略：从实践中获得启示

与权比邻：外戚的生存之道

樊氏门风

在中国古代表述婚姻关系的时候，经常用"外"字代指女方家庭。女子出嫁以后，可以称娘家为"外家"，男子也可以称岳父为"外父"，小孩称母亲的父母为外祖父、外祖母。挪到政治上，皇后或皇太后的家族也通常被称为"外戚"。在东汉，外戚是一支非常核心的政治势力。尤其是在东汉中后期，把控朝政，影响国势。所以"外戚专政"，就成为东汉历史上一个非常显著的现象。但我们要注意，东汉早期的外戚，和中后期的外戚还是有很大区别的。一则，东汉早期，皇权还比较巩固，轮不到外戚跋扈弄权；二则，早期的几家外戚也的确比较注意社会影响，懂得约束、检点自身行为。我们今天这一讲，就来讲两家和光武帝刘秀有关系的外戚：一是光武帝母亲的外家，也就是他舅舅家；一是他妻子阴皇后的娘家。看看这两家是如何与皇帝做亲戚的。

刘秀的母亲家姓樊，是南阳湖阳地区的一户大家。刘秀的外公樊重，是一位极具智慧，也非常有德望的乡老。樊重在农田耕种上是一把好手，这一点刘秀很像他。另外樊重也很擅长理财，家里非常富有。但樊重却并不沾染市井商贩的俗侩之气，而是很注重品行、名誉。举两个例子。樊重有一个女儿嫁给一户姓何的，生了几个儿子，那么这几个孩子也是樊重的外孙了，跟刘秀应该算是姨表兄弟。这何姓的几位兄弟不太争气，有一次为分家产闹得不可开交。这事让外公知道了，觉得这几个熊孩子太丢人了，为了点儿财产，兄弟反目，相互告状，让外人看笑话。于是樊重就自己拿出两顷田，分给他们，平息了他们的纷争。老百姓都说清官难断家务事，尤其是争家产这么敏感的问题，樊重这做外公的，却把这问题处理得干脆利落。关键在他自己非常大气，不就争点儿财产吗？我把自己的拿出来给你们，满意了吧？别再到处丢人现眼了。在这件事背后，其实也体现出樊重的重要持家理念，即家族声誉远比这点儿财产重要。

老爷子活到八十多岁，临终前嘱咐家里人，等他死后，把所有别人欠他钱写下的凭条全给烧了，别再问别人要这钱了。家里人遵嘱照办了。结果所有欠债人听到这消息之后，都深表惭愧，纷纷跑去偿还债务。樊重的几个儿子，谨遵父命，一概不受。樊氏敦厚朴实的门风，于此可见一斑。

樊重有个儿子叫樊宏，也就是刘秀的舅舅。樊宏的性格比较谦和，跟他父亲一样，也善于处理问题。王莽统治后期天下比较乱，起义力量多，人员成分杂。樊宏在地方上有威望，为防止被外来武装力量抢夺，组织乡亲们聚垒自保。有一支号称"赤眉"的军队路过，樊宏主动派人给赤眉军送去牛酒米谷。赤眉军一路打一路抢，还从没碰到过这么配合的乡民。于是军队里的长老就说了："樊君素善，且今见待如此，何必攻之？"一直听说樊宏这个人仁厚善良，今日果然如此。既然人家已经这么主动接济咱们了，又何必非要去攻打他呢？打他不也就为这点儿牛酒米谷吗？于是这支军队就放弃了攻打樊宏所在的南阳湖阳地区。这个地区因此得以保全。

流寇作战，既没有远大的战略目标，也没有基本的粮食储备，抢一个地方算一个地方，吃完了换个地方再抢。樊宏把这点看得很明白，这些牛酒米谷是省不了的成本。你不给他，他来打你，损失更大。还不如高高兴兴地给他，结个人缘，避免因战争带来更大的损失。这是樊宏务实、智慧的地方。后来东汉成立以后，他外甥刘秀成了皇帝，在如何与皇帝外甥做亲戚这个问题上，樊宏同样体现出不凡的智慧。

谦退的帝舅

刘秀建立东汉以后，樊宏当然也封了侯，当了不小的官，并参与朝政。以帝舅之尊参与朝政的樊宏，是怎样表现的呢？史书有载："宏为人谦柔畏慎。每当朝会，辄迎期先到，俯伏待事。所上便宜，手自书写，毁削草本。公朝访逮，不敢众对。"樊宏不仅没有仗着自己帝舅的身份傲慢跋扈，反而比普通大臣更加谦谨。每次朝廷上开会，樊宏都认真准备，提前到场。奏呈的文案，一般大臣都是让属下代写的。樊宏却都亲自书写。而且定稿以后，要把草稿毁掉，以起到保密作用，不泄露朝廷的动向。

由于樊宏的表率作用，整个家族也受到了影响。史称："宗族染其化，未尝犯法。"历朝历代，贵戚犯法都是令执法官员头疼的问题。樊氏家族的成员，秉承樊重、樊宏两代人谦谨、仁厚的门风，能够做到不逾越规矩，不恃贵触法，在那个专制统治的年代，是非常不容易的。

樊宏另一件值得一提的事，是他临终前遗令薄葬。"及病困，遗令薄葬，一无所用。以为棺柩一藏，不宜复见，如有腐败，伤孝子之心。"这话怎么理解呢？意思是说，人死了以后，棺材一埋葬，就不应该再被翻出来暴露在光天化日之下了。很多孝子贤孙，为了表示对死去的父祖好，不仅造很大的坟墓，还要准备很多珍贵的陪葬器皿。这样很容易引来盗墓贼，棺材一发露，父祖的遗体受到损伤，反而让孝子贤孙更难受。所以樊宏说，为了避免这些事情的发生，让自己的孝子贤孙真正安心，就应该提倡薄葬。他也坚决要求自己身后俭薄葬礼。

樊宏的这番态度，让刘秀也很感动。"帝善其令，以书示百官，因曰：'今不顺寿张侯意，无以彰其德。且吾万岁之后欲以为式。'"这里的"寿张侯"，指的就是樊宏。刘秀把樊宏的遗令让百官看，表彰樊宏薄葬的态度。并且说，以后自己死了，也要以舅舅樊宏为榜样，陵墓、葬礼一切从简。

那么，刘秀做到了吗？至少在他活着的时候，是这么吩咐下去的。当刘秀的陵墓刚开始建造的时候，他就说："古者帝王之葬，皆陶人、瓦器、木车、茅马，使后世之人不知其处。太宗识终始之义，景帝能述遵孝道，遭天下反复，而霸陵独完受其福，岂不美哉！"刘秀比较认可的古代帝王陵寝，是节俭简单的那种，用来陪葬的都是些陶瓦器，而没有什么金玉珠宝，这样就不至于成天被人盗掘。西汉的皇帝里，只有汉文帝坚持俭葬，所以赤眉军攻入长安的时候，只有他的陵墓没有被盗掘，人们甚至不知道他的墓在哪里。其他西汉诸帝的陵墓几乎无一幸免。

有这样的历史教训，刘秀就说，他自己的陵墓"地不过二三顷，无山陵陂池，裁令流水而已。使迭兴之后，与丘陇同体"。所谓"迭兴"，就是改朝换代以后。刘秀的话讲得简单点，就是希望自己的遗体在改朝换代以后回归大地，就可以了。刘秀的性格，在创业帝王中属于相对谦和的。这一点很可能有外公、舅舅的影响因素在里面。

樊宏去世以后，承袭爵位的是长子樊儵。樊儵也继承了这种谦和知止的优良门风，在处理人事上体现出智慧。《资治通鉴》记载了这样一个故事，非常能说明问题。樊儵和弟弟樊鲔，主要活跃在汉明帝时代。樊鲔想替自己儿子聘娶楚王刘英的女儿。刘英也是光武帝刘秀的儿子，和汉明帝是同父异母的兄弟，和这样的贵族联姻，当然是有助于保持自家门楣地位的。但樊儵却反对弟弟这么做。他说："建武中，吾家并受荣宠，一宗五侯。时特进一言，女可以配王，男可以尚主。但以贵宠过盛，即为祸患，故不为也。"樊儵说，在光武帝时代，樊家很受皇帝宠信。那时候他们的父亲樊宏，也就是引文中所称的"特进"（樊宏的官职），如果肯说一句话，樊家的女儿嫁给诸侯王、儿子娶公主，那都是很简单的事。但樊宏却没有这么做，为什么呢？"贵宠过盛，即为祸患。"凡事要知足，人们都想追逐名利富贵，却未必见得越富贵越好。财富积累得越多，地位越高，风险就越大，闯出祸来付出的代价就越大。为什么？一则，对于一般人来说，越是有钱有势，做起事来就越无忌惮，缺少自我约束，不知道自己什么时候会翻船。二则，越是有钱有势，忌恨你、盯着你、给你下套的人就越多。樊宏很懂得这个道理，在世的时候，并没有为自己的子女积极营求。樊儵也能理解、认同父亲的这番苦心，所以要劝弟弟不要利用儿女婚姻做经营。但樊鲔却没有听从哥哥的劝告，还是为自己的儿子聘娶了楚王刘英的女儿。结果后来刘英被人告发谋反，酿成一桩大案，受株连的人不知多少。樊鲔作为刘英的儿女亲家，当然要受到牵连。不仅樊鲔，其他樊氏家族的人也要受到牵连。这时候，樊儵已经去世了。这桩案子牵涉到樊家的地方，汉明帝追念樊儵一生谨慎谦和，兢兢业业，特意下诏，放了樊儵的几个儿子一马，不在株连范围之内。

　　从这个故事里，大家能看到一个非常深刻的教训。樊重、樊宏、樊鯈三代人勤勤恳恳，恪守品行，才换来这个家族的平平安安。只要出一个不安分的人，就有可能把三代人的努力化为乌有。而且樊鲔这样的，还算不上是败家子，只是看中人家的势力，贪图点儿富贵，想和皇帝的兄弟结亲而已。他也不会料到后来会有这样一桩大案。但就这样，也差点把樊家三代人的努力全毁了。这个教训就告诉我们，人固然无法预知未来，但人应该控制自己的贪婪心。

樊家三代人的努力，差点因为樊鲔的这点贪婪心毁于一旦，这个教训应该让今天的家长们认识到，品行教育，让子女学会不骄不贪，对于家族传承来说是何等重要，这比一张优秀的成绩单重要多了。

阴氏兄弟让爵

接下来我们讲讲刘秀老婆家。刘秀年轻的时候曾描述自己的理想是："仕宦当作执金吾，娶妻当得阴丽华。"两汉时候的执金吾负责宫殿以外、京城以内的治安工作，也负责为皇帝出行做前导，服饰华丽、仪仗威风，让年轻的刘秀羡慕不已，所以立志要做执金吾。他又听说邻县有个叫阴丽华的女孩儿，长得特别漂亮，想要娶她为妻。这就是刘秀在年轻时代的两大奋斗目标。这两个目标，刘秀后来都超额完成了。他做了皇帝，用不着去做执金吾了。阴丽华呢，不仅娶到了，还封她做了皇后。于是阴家兄弟也成为国戚了。

阴丽华有个异母的哥哥叫阴识，曾和刘秀的哥哥刘縯共举大事，在推翻王莽统治的战争过程中，立有军功。刘秀称帝，封阴识为阴乡侯。后来因为阴识有军功，刘秀打算增加他的爵邑，但阴识却推辞了，他说："天下初定，将帅有功者众，臣托属掖廷，仍加爵邑，不可以示天下。"天下刚刚平定，有功将帅很多，未必都已经得到了足够的封赏。阴家作为帝戚，得到的已经够多的了，如果还不停地接受封赏，社会影响也不好。

阴识谦退的性格，跟樊宏倒挺像。阴丽华还有个同父同母的弟弟，叫阴兴。阴兴和阴识虽然不同母，但在谦退礼让、知足知止这点性格上，倒十分相似。光武帝有一次病重，让阴兴在宫里听差伺候，并且接受顾命。后来刘秀病好了，就想让阴兴做大司马。大司马是三公之一，当时官僚队伍中地位最高的职衔。阴兴却叩头辞让说："臣不敢惜身，诚亏损圣德，不可苟冒。"阴兴说，如果真需要他为国家做贡献，他不敢爱惜自己的生命。但大司马这么重要的职位，自己的德望、能力实在配不上。如果自己接受了，外人会以为皇帝在用人上只挑自己的亲戚，对皇帝名声也不好。

阴丽华的母亲邓氏，还有另一个弟弟阴诉为盗匪所杀。消息传来，阴丽华很伤心自不必说，刘秀也很揪心。于是就想通过封赠阴丽华其他几位兄弟官爵，以弥补伤痕。这里当然少不了阴兴的。这次光武帝把封爵的印信都准备好了，放在阴兴面前。没想到阴兴还是坚决地推辞。他对光武帝说："臣未有先登陷阵之功，而一家数人并蒙爵土，令天下触望，诚所不愿。"

爵土本来是用来赏有功之人的，皇帝不应该拿它来施舍给亲戚。阴兴说自己没有战功，家里已经有不少人享受了封爵，再贪得受封的话，怕是要被天下人指指点点，所以不愿意接受这个封赠。

对于阴兴的这番陈情，光武帝非常欣赏，就成全了他的这一志向，没有硬封给他。很多人可能会觉得，阴兴这不傻吗？别人想要还要不到，皇帝白给他还不要。阴丽华也是这么想的，于是就问弟弟为何不要封赏。阴兴答道："夫外戚家苦不知谦退，嫁女欲配侯王，取妇眄睐公主。愚心实不安也。富贵有极，人当知足，夸奢益为观听所讥。"阴兴说，外戚家族往往仗着和皇家的姻亲关系，贪得无厌，不懂得谦退。动不动就想把女儿嫁给王侯，为儿子娶个公主。要知道天道有常，不会一味地眷顾某一个家族，所以富贵也是有极限的。一旦达到这个极限，还不知足，那恐怕就要受惩罚了。阴兴这话很有道理，《资治通鉴》中有大量这类案例。凭借皇帝的恩宠，无功受禄，还贪得无厌，最终无一不是家破人亡、宗族覆灭的。无论是阴识、阴兴，还是我们前面介绍的樊氏父子，都把这个问题看得很清楚。天道循环，没有长盛不衰的事物，故而要懂得知足常乐的道理。贪得无厌，试图以人为的力量逆转天道，那只能加速自身的灭亡。另外阴兴还说了，不谈兴亡，即便只是夸耀地位、富贵，也容易招致不好的名声。阴兴的这番话让阴丽华深为感动，从此以后就把弟弟的这番话作为自己的行动指南。尽管她是刘秀最宠爱的女人，但从没有为自己家族里的人去向刘秀要过官爵。

　　樊氏、阴氏这样一种处世哲学，跟我们现代人喜欢讲的利益最大化格格不入。在很多普通人眼里，大概就属于有便宜不占的傻子。为什么要劝大家多读历史？因为历史总是在不停地证明，有便宜就占的，才是最终的失败者。在樊、阴两家之后，东汉历史上有不少外戚家族显赫一时，权倾朝野，把所有的利益都占尽，但这些家族没有一个能传之久远的，甚至都来不及把权势交给第二代就灭亡了。具体的案例我们以后几讲会分析。倒是谦退知足的樊、阴两家能传承很多代，因为他们懂得不要跨越界限，凡事留个余地的道理。《道德经》里有一句话："金玉满堂，莫之能守。富贵而骄，自遗其咎。"讲的也正是这个道理。樊、阴两家虽然没有把眼前的利益最大化，却是把长远利益最大化了。谁更具有智慧呢？

阴兴交友

　　阴兴有个特点，喜欢交朋友。作为皇帝的小舅子，当然也有很多人愿意跟他交朋友。但如果谁想通过跟他交朋友，为自己谋个一官半职，捞点好处，那就看错人了。比如，阴兴有两个好朋友，一个叫张汜，另一个叫杜禽。这两个人和阴兴关系非常好。但朋友归朋友，阴兴对这两个人的才能有自己的判断，认为他们俩都属于"华而少实"的类型，看上去仪表堂堂，谈吐也不错，但未必真能胜任大事。所以对于这两位朋友，阴兴总是非常大方地和他们分享财富，却从不向皇帝推荐他们。

另外还有两个人，一个叫张宗，另一个叫鲜于衷。这两人和阴兴关系不好，却各有所长。阴兴并没有因为私人恩怨而埋没这两个人，而是客观地称颂这两个人的才华，并向朝廷推荐他们。阴兴在人才举荐上公私分明，这一点受到当时人的赞扬。

孔子曾有一句名言："君子周而不比，小人比而不周。"这里讲的是君子与小人因品行不同，交友之道也就不同。"周"是指忠信，"比"是指为利益而阿附。君子的朋友之道，重在相互间的忠信。而小人相聚，则纯粹为了利益。以利交友，利尽则散，谈不上真正的友情。像阴兴这样，在交友过程中能把公事、私交分得清清楚楚，可谓"君子周而不比"的典型。私交再好，没有真才实学的人，阴兴也不会用自己的身份、地位去为他们谋利，不以私害公；有才能的人，尽管跟自己相处并不融洽，阴兴也不以个人好恶埋没人才。这一点非常值得后人学习。

马援平陇西：知行合一的难度

马援的名言

马援是东汉开国初年非常有名的将领，甚至可以说是战神级的人物。光武帝刘秀也非常欣赏他，曾经说："伏波论兵，与我意合。"伏波就是指马援，马援被称为伏波将军。虽然由于女儿是汉明帝的皇后的缘故，马援没能排进东汉开国云台二十八功臣之列，但他的赫赫战功依然名垂青史。

马援又是个极有个性的人，曾经留下过很多名言。比如他曾对门客们说："丈夫为志，穷当益坚，老当益壮。"这话就说得非常好。穷困潦倒的时候，人的意志容易低迷，如果一再消沉，那人生就真的完了。所以，越是穷困的时候，志向越要坚定，越是要激励自己奋斗，这样人生才会有转机。人年纪大了以后，血气逐步衰耗，容易保守、懈怠，得过且过。所以这个时候，更需要用积极的态度来对待人生，勇于前行。

马援早年干畜牧业，积攒了很多财富。但他却说："凡殖财产，贵其能赈施也，否则守钱虏耳。"·如果有钱却不赈济穷急，那不就是个守财奴吗？有什么值得称道的呢？后世称那些只看重钱，却又吝啬施舍、花费的人为"守财奴"，出典就是从这儿来的。后来马援把自己积攒的绝大多数财产都分给了兄弟和故旧们，自己干平定天下的大事业去了。可见这个人的心胸与格局。

马援还有一句至今让人耳熟能详的名言，他说："男儿要当死于边野，以马革裹尸还葬耳，何能卧床上，在儿女子手中邪！"男子汉大丈夫，就应该立功垂名，战死沙场。老死于床第之间，听凭儿辈、女子摆弄，那算什么大丈夫！这话说得豪气万丈，很能体现马援这个人的性格与追求。"马革裹尸"这个成语就出自这里。

当时人称马援最大的特点就是"慷慨有大志"。从我们上引的这些名言就可以看出，马援的确是这么一个人。直到他暮年的时候，还有很强的立功边陲的志向。诚如他自己所说，"老当益壮"。但我们今天这一讲，主题并不在于表彰马援的英雄性格，而是想谈谈他在为人处世、修身齐家方面的得与失。马援在与人相处及教育子弟的过程中，有值得我们认真学习、思考的言论，也有值得我们反思的教训。马援身后的马氏家族，既有成功的一面，也有失败的一面。这些都能成为今天的人在为人处世、修身齐家中，引以为鉴的内容。

诚人不诚己

在谈到为人处世的时候，马援懂得持静守虚的理论。月盈则亏，水满则溢，身处富贵也一样，不能做得太满，否则福盈则祸至。有一次，马援对两位贵戚子弟梁松、窦固说："凡人富贵，当使可复贱也。如卿等欲不可复贱，居高坚自持，勉思鄙言。"梁松是开国功臣梁统的儿子，窦固是另一位开国功臣窦融的侄子。而且两人都是光武帝刘秀的女婿，少年得意。马援告诫他们说，人要学会能屈能伸，能上能下。如果已经安习于富贵的生活，不想再贫贱，那么身居高位，就要有自我保全的能力。马援这番话的本质，就是告诫这两位贵戚子弟，物忌太盛，要学会谦虚低调，不要太自以为是，以防物极则反。

当时贵戚子弟很多，马援为什么专挑这两个人告诫呢？我想，除了马援可能跟他们家长辈比较熟悉以外，还跟这两个人平时的为人有关系。这两个人都是少年富贵。梁松尤其性格高傲，平时是不太注重低调、检点的，所以马援特别用这番话告诫他们。马援说得准不准呢？从史书的记载来看，说得挺准的。史书上讲到这件事的后续时说："松后果以贵满致灾，固亦几不免。"梁松倚势骄贵，不知收敛，数次写信给一些地方长官，干预请托。朝廷发觉后，他被免了官。梁松因此心怀怨望，写了一些诽谤朝廷的信件，被拿入狱，就死在里面了。窦固比梁松好些，但也因受一位仗势欺人的堂兄的牵连，遭废黜十年。

马援告诫梁松、窦固的这番道理，当然是对的，看人也是准的。但奇怪的是，轮到自己的时候，马援却做不好。梁松虽然是没听马援的劝告，后来出事情了。但在梁松出事之前，马援已经被这个自己告诫过的年轻人算计了。这是怎么回事呢？

马援有一次生病了，梁松作为晚辈来探病，拜于床下。结果马援不回礼。马援的几个儿子看到父亲以这番态度对待梁松，有点忧虑。等梁松走了之后，他们就对马援说："梁伯孙，帝婿，贵重朝廷，公卿已下莫不惮之。大人奈何独不为礼？"梁伯孙就是梁松，我们之前说了，他娶的是光武帝刘秀的女儿舞阴公主，所以称他为"帝婿"。意思是说，梁松这样在皇帝面前得宠的人可得罪不得。刚才他向您行礼，您怎么不回个礼呢？这样对待他，恐怕是要把他得罪了。

马援回答说："我和梁松的父亲是朋友。梁松虽然贵为帝婿，但毕竟是晚辈，长幼次序不能乱啊！"意思就是晚辈拜他，他为什么要回礼？从古人所重视的"礼"的角度看，马援说得也没错。《礼记》里面说："见父之执，不谓之进不敢进，不谓之退不敢退，不问不敢对。"古人称志同道合的好朋友为执友。所谓"见父之执"，就是见到父亲的执友，或者称为"父执"。大经学家郑玄注解这段文字说："敬父同志如事父。"面对父亲的执友，就像面对自己的父亲一样，对方没让你进，不能往前进；不让你退，不能往后退；没问你，不能自说自话先开口。这是古人的教养。现在有些父母从来不管教孩子，动辄曰"不能压抑小孩儿的天性"，觉得自己的孩子是了不起的天才，一管教就成不了天才了。无论依孟子的性善说还是依荀子的性恶说，人都是需要后天教育、培养的。人类历史发展到今天，几十万年总共没出过多少天才，绝大多数孩子都是普通孩子。这话可能给很多家长泼了冷水，但它是大实话。我们能做的，就是尽量用教育、教养让孩子在普通孩子中显得有那么点不普通。古人的老礼、老规矩，还得用心多学学。

扯远了，说回来。马援在道理上虽然没错，但为人处世得懂一点自我保护的技巧。你认这个道理，也得反过来想想，对方是不是认这个理。对方要是白眼狼，你跟他讲什么是非大义啊？梁松这个人的性格，马援其实很了解，所以之前才会告诫他，让他戒惧谨慎。既然了解他骄贵傲慢的性格，那就得想一想，这样一个人拜见你，你不搭理他，会不会让他忌恨甚至报复你？加上以梁松的身份，他也的确是有报复的能力。

果不其然，梁松因为这件事恨上马援了。有趣的是，马援不仅仅在这件事上得罪了梁松，在另外一件事上，也把梁松重重得罪了。这些事，后来都给他们马家带来了很大的麻烦。

马援的诫侄书

低调、检点这番做人的道理，马援不仅告诫过梁松、窦固，也告诫过自己的两个侄子。教育侄子当然比教育外人更重要了。马援的这两个侄子也是比较喜欢交游、比较高调的人。有一次领兵在前线的时候，马援写了封信给两个侄子，里面说道："吾欲汝曹闻人过失，如闻父母之名，耳可得闻，口不可得言也。好论议人长短，妄是非政法，此吾所大恶也，宁死不愿闻子孙有此行也。"马援教导他们，听到别人的过失，就该像听到父母的名讳一样，耳朵听到了，也不能说出来。不要随便议论别人的短长，也不要随便讥刺时政。

接着，马援举出了两个自己欣赏的人物，告诫子侄们，这两个人一个可学，一个不可学。可学的这个人名字叫龙述。马援评价他："敦厚周慎，口无择言，谦约节俭，廉公有威。"意思就是此人为人敦厚，不说不合道理的话，谨慎威重，廉洁谦和。不可学的那个人名字叫杜保，这个人有优点，马援评价他："豪侠好义，忧人之忧，乐人之乐。"他为人仗义，乐于助人，有很好的口碑与人缘，以至于他父亲去世办丧礼的时候，很多人都从远郡赶过来会葬。马援虽然也非常欣赏杜保这个人，却不希望自己的子侄们学他。为什么呢？马援说："效伯高不得，犹为谨敕之士，所谓刻鹄不成尚类鹜者也。效季良不得，陷为天下轻薄子，所谓画虎不成反类狗者也。"伯高是龙述的字，学伯高是学他的谦虚谨慎，即便学不到那么好，至少不会出问题。杜保这个人，其实就是两汉非常典型的游侠，喜欢结交朋友，周穷救济。马援在讲到杜保的时候，特别提到，这是一个让地方官很头疼的人物。如果以两汉游侠的通例来推断杜保这个人的情况，他在地方上应该有不小的势力，在帮助了很多人的同时，恐怕也得罪过不少人。马援不想子侄们学他，是因为学不好的话，就会成为聚众喧闹、横行乡里的浮薄之辈。

马援这封信没什么大问题，但还是有个小问题。什么问题呢？马援告诫子侄们不要轻易谈论别人的是非，他自己却在信里谈了别人的是非。这个人当然就是杜保。杜保果然有仇家，仇家状告杜保的时候，就引用了马援对杜保的评价，给马援制造了不小的麻烦。杜保的这个仇家给光武帝上书，指控杜保"为行浮薄，乱群惑众"。为证明杜保确实是这么个人，上书人特别引马援为证，说："伏波将军万里还书，以诫兄子。"伏波将军就是马援。马援领兵万里之外，特意写信回来告诫侄子，不要学杜保，可见杜保这个人的确有问题。

　　这是件非常有意思的事，马援写给侄子们的信，杜保的仇家是怎么知道其内容的呢？看样子马援的这几个侄子的确有行为浮薄的倾向，收到叔叔的信之后就到处跟人说、给人看。本来光这点事情还没什么，更要命的是，杜保的这位仇家在上书的时候，把梁松也给扯进来了。这又有梁松什么事呢？上书人说："梁松、窦固与之交结，将扇其轻伪，败乱诸夏。"特意提到梁松和窦固，都是杜保的好朋友。意思是说，这帮纨绔子弟聚集在一起，结交游侠，曲断乡里，简直是败坏风俗！

　　皇帝当然最怕别人聚众结党，闹些是非出来。何况梁松、窦固都是他的女婿。于是刘秀就把梁松、窦固叫来痛斥了一顿，并且把杜保仇家的上书，以及马援的诫侄书给他们看了。这两个人拼命磕头谢罪，才躲过光武帝的责罚。

　　本来这不干马援的事，他写信告诫子侄并没有错。但他的信被人作为告状的由头，并把梁松给扯进去了。所以梁松就把这个仇记在马援身上了。我们上一节已经介绍过，梁松并不是一个心胸宽广的人，所以后来逮着一个机会，狠狠报复了马援一下。这个故事，跟我们下面要讲的马援的另一个缺点有关。

老不知止

马援还有个缺点，我称之为"老不知止"。我们前面提到过马援的一句名言，"丈夫为志，穷当益坚，老当益壮"。马援是这么说的，也是这么做的。所以每当国家有战况的时候，都主动请缨挂帅。建武二十四年（公元48年），在军事地理上非常重要的武陵地区（今湖南省境内）发生叛乱，朝廷一开始派去剿灭的军队作战不利，光武帝就想另遣名将前行。这时候，马援又出来请缨了。但这一年马援已经六十二岁，光武帝觉得他太老了，恐怕不行。马援对光武帝说"臣尚能披甲上马"。光武帝让他试试看。于是马援"据鞍顾眄以示可用"。顾就是回头看，眄就是斜着看。马援故意在马上前后瞻顾，表现得十分灵活，以显示自己还不老，还能上战场。这个表演把光武帝也看乐了，对着左右说："矍铄哉是翁！"古人谓："矍铄，勇貌也。"很勇猛的样子。现在形容老年人很健旺，还用"矍铄"这个词。于是光武帝就答应让马援领兵出行。

同时和马援一起领兵出征的，还有一位名叫耿舒的将领。作战过程中，马援和耿舒在意见上发生了分歧。本来有两条进军路线可以选择。一条路近，但水势险；另一条道路平坦，但运粮的路线比较远。各有利弊。马援的性格比较勇决，主张走近而险的道路。耿舒则主张走平坦而稍微迂远一点的道路。奏报光武帝之后，由光武帝裁决，最终采用了马援的主张。

但此后的作战计划，并没有像马援想象中那么顺利。叛军仗着水势险，防守得很好。马援和耿舒的军队都突破不了。这时候又恰好进入暑期，战士中多数是北方人，适应不了暑热的南方天气，军队中开始发生疫病，死亡很多。不幸，马援也病了，战事更加无法往前推进。

这样一来，耿舒就有看法了。大家不要小看这个耿舒，资历虽然比马援浅，名声也不如马援，但人家也是有来头的。他的哥哥，就是赫赫有名的东汉开国功臣耿弇。耿弇不仅位列云台二十八将之一，而且从关系上说，更能算是刘秀的嫡系，很早就开始跟着刘秀打天下了。

因为马援资格老，耿舒有意见不便当着马援面说，于是就给他哥哥写信。在写给哥哥的信里，耿舒说，如果采取他之前的建议，从平坦的大道进入，运粮路线虽然远了点，但至少战士不用困在这儿病成这样啊，可以指挥他们随机作战。但问题是，走这条险道，是光武帝裁决的，所以耿舒也不便多说什么。他又换了个角度，把马援批评了一通。耿舒在信里说道："前到临乡，贼无故自致，若夜击之，即可殄灭。伏波类西域贾胡，到一处辄止，以是失利。今果疾疫，皆如舒言。"耿舒告了马援一个缓兵纵敌之罪。说之前大兵抵达临乡这个地方的时候，叛军主力无缘无故地送上门来了，可能是对方情报工作没做好，跟朝廷的军队撞上了。耿舒说，如果按照他当时的建议，抓紧追击，就能消灭敌人。但马援的性格，到任何一个地方都喜欢停留。耿舒将他比作做生意的胡人，每到一个地方都要停停看看。大军逗留不前之际，叛军就逃跑了，所以才有今天的祸患。

耿舒这封信写得很巧妙，不仅把马援给告了，也帮助刘秀把责任给推脱了。问题不在刘秀当初听了马援的计策，走了险道，关键在于马援延缓不前，坐失战机。耿弇收到弟弟的封信之后，二话没说，转手就上报给刘秀了。刘秀接到信以后，就派人去责问马援。巧的是，被派去的人恰好就是梁松。梁松到军营里的时候，马援的身体已经很不好，不久就去世了。果然应了他自己所说的"马革裹尸"的预言，死在军营里了。接着梁松就接管了军队。梁松趁此死无对证之机，在向光武帝汇报的时候，对马援狠狠落井下石了一通，把军旅失败的责任都推给了马援。光武帝接到梁松的报告之后很生气，下令收回马援的侯爵。

这里还有另外一件事，闹了个大乌龙。马援生前常吃一种叫薏苡的植物果实。尤其在南方的时候，吃这个能胜瘴气。南方薏苡又比北方的长得个儿大。这次马援领兵到南方，采了一车南方的薏苡种子，准备带回北方。马援一死，再加上梁松打的关于马援的小报告触怒了刘秀，其他人也纷纷开始揪马援的小辫子。就有人根据道听途说的消息，向刘秀告状，说马援那拉回来的一车子东西，都是南方出产的珍宝。这世界上，永远是雪中送炭的少，落井下石的多。告状的两位还不是一般人，一位叫马武，一位叫侯昱。马武也是辅佐光武开国的云台二十八将之一，大有来头的人物。侯昱名望虽然轻些，但也是封过侯的。这状一告，惹得光武帝更生气了。事情闹得很厉害，吓得马家的人都不敢把马援葬回来。

这件事上，马援当然是被冤枉的。但问题是，像马武、侯昱这样有身份、有地位的人，为什么都要跟马援过不去呢？一有机会，就不分青红皂白地向马援下手。包括前面提到的耿弇，事实上也在暗地里使劲，想扳倒马援。要明白这一点，我们就必须得分析一下马援这个人的性格。

孔子说："君子有三戒：少之时，血气未定，戒之在色；及其壮也，血气方刚，戒之在斗；及其老也，血气既衰，戒之在得。"少年不能贪色，中年不能好斗，老年不能贪得，这是圣人的教训。马援贪什么？马援贪功，这也是贪得的一种。而且到老不改，这就犯了忌讳。烈士暮年，壮心不已，当然非常正能量。但马援的贪功不已，最后变成了个人英雄主义。这个国家不是只有你一个人会打仗，你已经立过这么多功了，还老冲在前头，别人不就没机会了吗？耿弇、马武这批人看不惯马援，多半是在这点上。

当然我们不是说马援勇于为家国承担责任的精神不好，而是说不能把这种担当最后变成突出自己。记得我念大学的时候，有一次院系间足球比赛。有一位高年级的队员在场上受伤了，但非常顽强地要求教练不要把自己换下来，于是他带着伤在场上踢。这当然体现了他个人的一种顽强拼搏的精神，但问题是整支球队的攻守质量，由于他的伤势受到影响了。很多坐冷板凳的替补队员也很有意见。这种看似顽强的个人英雄主义，反而影响了整体合作。马援的问题也在这里。既要勇于承担责任，又要避免个人英雄主义。所谓勇于承担责任，是指在必须承担的时候，不能退缩。而在别人同样可以发挥才智的时候，不要只突出自己。这是不同的两种情形，并不矛盾。

从马援告诫梁松、窦固和子侄来看，似乎他很懂得为人处世的道理。但他也就告诫告诫别人，轮到自己做的时候，很多问题也没处理好。王阳明非常重要的一个理念，就是提倡"知行合一"，认知和行为要配套。光知道，行动上体现不出来，等于不知道。但王阳明为什么要强调这个问题？恰恰就是因为一般人都做不到知行合一。从马援的事例中我们也看到了这一点，要做到知行合一，是有很大难度的。

邓太后礼让：立足长远

太后政治

公元88年，东汉第三位皇帝汉章帝去世，继位的汉和帝年仅十岁，由汉章帝的皇后窦氏临朝听政。窦太后及其家族把持朝政近五年时间。但随着汉和帝逐渐年长，开始慢慢地掌握政权。在永元四年（公元92年），也就是他即位的第五年，开始亲政，把窦太后的一个哥哥和两个弟弟都给杀了。

小皇帝亲政，为什么要杀太后的兄弟呢？那是因为太后听政，一定与外戚专权紧密联系。因为在男性主导的社会掌握最高权力的女性，往往需要通过男性来传达、实现自己的意志。皇太后不可能跨越宫禁，频繁地与外廷大臣进行接触。对太后来说，最值得信任的男性莫过于父亲、兄弟。所以太后听政，一般都依靠自己的家族掌握外廷权力。而外姓掌控朝政，又一定会引起年幼的皇帝及其身边人的不满。所以在皇太后身后，乃至于皇太后还健在的时候，逐渐成年的皇帝通过各种方式夺回政权，并对外戚家族进行大清洗，就成为历史上的一个规律性现象。汉和帝杀窦太后的兄弟，就是窦太后还健在的时候。

但此后东汉的国运似乎一直不佳。汉和帝二十七岁就去世了，年纪很轻。他去世后，他的皇后邓氏，又开始以皇太后的身份听政。为便于控制政权，邓太后迎立了一位出生才百余日的小皇子作为皇位继承人。此后，太后听政的现象在东汉历史上连续不断地出现。整个东汉时期，听政的皇太后多达六位。以至于"二十四史"中专门讲述东汉一朝历史的《后汉书》，专门设有《皇后纪》。我们知道，史书中的"本纪"一般都是用来记载皇帝的行为事迹的。为皇后立本纪的，"二十四史"中只有《后汉书》，因为当皇后变成皇太后之后，干预政治，是东汉非常显著、特殊的现象。

同样是以皇太后身份听政，汉和帝的皇后邓绥一向被认为是这六位皇太后中比较特殊的一位，甚至被后代史学家认为是听政皇太后中的佼佼者，也受到过《资治通鉴》的作者司马光的肯定。原因在于邓太后执政期间，并没有像其他几位皇太后一样，听任自家兄弟们跋扈，一心只为家族谋福利，而是的确为国家建设作出了贡献，并且懂得如何协调家族利益和公共利益，在必要的时候果断抑制家族势力膨胀以符合公论。邓太后去世后，邓氏家族也难免遭受新掌权的皇帝打压，并为此付出代价，邓绥的两位兄弟被迫自尽。但整体上来说，邓氏家族在如此激荡的政治旋涡中，付出的代价算是最小的。比如，与时代稍晚的、惨遭灭门的梁太后家族比，邓氏付出的这些代价小多了。梁太后的兄弟就是历史上著名的"跋扈将军"梁冀。关于梁家的故事，我们以后会专门讲。这一讲先分析，邓太后相对成功的秘诀在哪里？史学家们给出的答案是：文化。在东汉所有听政的皇太后中，邓太后是最有文化素养，也是最重视文化建设的。

重视文化的皇太后

邓绥是东汉开国功臣邓禹的孙女。邓绥从小的一些爱好、表现，与当时的普通女性有很大不同。作为一个小女孩，她居然醉心于读书，每日孜孜不倦。这在今日不足为奇，但在将近两千年前，的确难得。《资治通鉴》的记载比较简略，说家里人给她取了个雅号叫"诸生"，这是那个时代对接受官方教育并以此博取功名的初级学者的通称。《后汉书》对此事有更详尽的记载。《后汉书·皇后纪》关于邓绥的记载中有这么一段："六岁能《史书》，十二通《诗》《论语》。诸兄每读经传，辄下意难问。志在典籍，不问居家之事。母常非之曰：'汝不习女工以供衣服，乃更务学，宁当举博士邪！'后重违母言，昼修妇业，暮诵经典，家人号曰'诸生'。"也就是说，邓绥早慧，六岁就能识字，十二岁已经能读通《诗经》《论语》，喜欢和兄长们讨论典籍古训，而不屑于学习当时女性必修的女工，因此遭到母亲的奚落。母亲说她不好好学女工，行妇道，难道长大了去考博士吗？汉代的博士，是主管教育、参与朝廷谋议的官员。邓绥不愿太让母亲失望，也不愿放弃读书，于是改成白天学习女工，晚上习诵经典。

邓绥做了皇太后以后，也对文化非常重视。

我们的祖先历来重视记录历史。《史记》以下，洋洋洒洒，几乎每个王朝都会在这件事上耗费大量人力、物力。积累至今日，最具有代表性的史书有"二十四史"或"二十五史"之说。篇幅如此庞大的史书群，现在的专业学者都很难遍读，何况是一般学者？所以历来学者都重视其中最精华、最重要的几部。历经千余年不断检验，学者们认为"二十四史"中前四部史书质量最佳。于是又有了"前四史"的概念，指的是《史记》《汉书》《后汉书》《三国志》四部史书。

追本溯源，大家会发现，《后汉书》原本不在所谓"前四史"的名单里。初唐以前，人们了解东汉历史，最权威的读本是一部叫《东观汉记》的书，这是由东汉王朝史官们编纂的讲述东汉历史的典籍。唐人管《史记》《汉书》《东观汉记》叫"三史"，加一部《三国志》成"四史"。《后汉书》虽然也受重视，但并不足以取代《东观汉记》。中晚唐以后，政治、社会持续动荡，二百年间内战不断，文化典籍也遭受了浩劫，很多重要书籍开始散佚。《东观汉记》也不幸遭遇了这样的命运，至宋代，这部书仅剩下为数不多的几篇。于是《后汉书》才成为人们了解东汉历史最重要的依据，也取代了《东观汉记》，成为"四史"之一。

《东观汉记》虽然亡佚，但它的重要性在前面的介绍中应该已经得到了体现。若要说这部书的由来，那就不得不提邓绥的贡献。

汉和帝在世的时候，叙述西汉历史的《汉书》还没有最终完成，所以班固的妹妹班昭被召进宫继续完成这一工作。在班昭和助手们的努力下，《汉书》渐趋完备，接下来讲述东汉王朝本身的历史便成为史官们的工作重心。汉和帝去世后，邓绥听政，继续关注着历史编修，并决定编纂上自光武帝、下迄和帝时代完整的东汉王朝史。从此以后，东汉历史的编修活动便得到持续化、制度化。这部记载东汉历史的书籍本名应该就叫《汉记》，因为编修地点在"东观"，所以也被称作《东观汉记》。东汉宫廷修史地点最初设在兰台，将其搬迁至东观的是汉和帝，而使"东观"成为历史编纂乃至帝国文化中心的，则是邓绥。邓绥去世以后，东观修史活动一直被延续，后来经历过几次大的增补、修订。这部巨著的最终完成，虽历时百余年，经几代人之努力，但在促成它完成的过程中，邓绥无疑起了关键性的桥梁作用。若非《东观汉记》亡佚，今人所谓"二十四史"会不会把南朝人范晔修撰的《后汉书》排进去，恐怕还是个问题。而事实上，范晔之所以能修出一部比较像样的《后汉书》，很大程度上也正是得益于《东观汉记》。

谈完邓太后重视文化对东汉的统治有何帮助，接下来再讲一个小故事，看重视文化对邓太后个人有什么影响。史书上记载了邓绥小时候的一个故事。邓绥的奶奶非常疼爱这个小孙女。有一次，老人家要亲自为邓绥剪头发，邓绥就让她剪了。

老人家老眼昏花，剪的时候剪子刺破了邓绥的额头，老人家还没发现，继续剪。邓绥忍着疼一声都不吭。后来其他人就问邓绥怎么不叫疼，她回答说："奶奶喜欢我，亲自为我剪头发。我要叫疼的话，奶奶就会发现误伤了我。这样的话，老人家就会既伤心又内疚。奶奶这么喜欢我，我应该让奶奶开心，而不是让她伤心。所以我忍着，不让奶奶知道她伤到我了。"多懂事的孩子啊！那时候的邓绥才五岁。

我为什么要讲这个故事呢？就是为了告诉大家邓绥小时候有多乖巧吗？不是。这只是关于邓绥的历史记载中的一个小故事。邓绥的历史传记，由很多个类似的故事组成，所以邓绥的历史形象非常正面。在东汉所有听过政的皇太后中，邓绥的历史形象是最正面、积极的。这当然跟邓绥本人的修养、素质有关，但大家不要忘了，历史是由历史学家书写的。塑造历史人物形象的权力掌握在历史学家手里。邓绥小时候这些故事，之所以能流传下来，关键在于历史学家愿意向后人讲述这些故事，愿意利用自己手中的权力把邓绥塑造成一个正面的历史人物。

概括起来说，邓太后的历史形象之所以特别好，正是因为她重视文化，重视历史的整理、编纂。无论当时还是后世的历史学家，都对她有程度不同的好感。这可以说是史学家们投桃报李吧。即便是非常不赞成皇太后干预政治的史学家，在提起邓太后的时候，也总是存有那么几分敬意。可见尊重历史很重要，你怎么看待历史，历史也怎么看待你。

文化与后宫竞争

　　邓太后一生的经历，和中国历史上另一位鼎鼎大名的女性紧密联系在一起，那就是继父兄之志完成《汉书》的班昭。班昭不仅是入选《文选》的唯一女性作家，还是中国历史上最著名的女性行为准则《女诫》的作者。另外，她还是邓太后的老师。邓太后生前能成功地在男性政治世界中立住脚跟，并为国家建设作出贡献，在处理家族势力问题上也比其他任何一位听政皇太后妥当，主要得益于她的老师班昭，一位伟大的女性学者。

　　十五岁的时候，邓绥被选入汉和帝的后宫，充当贵人。班昭奉诏入宫续成《汉书》，也正是在汉和帝时代。当时的班昭，已经是年逾不惑而望知天命的年长女性，无论在学识上还是为人处世上，都已相当成熟。年轻的邓绥以及汉和帝的其他后宫佳丽，和这样一位女性学者比起来，就显得太幼稚了。种种迹象表明，汉和帝对这位著名女学者的学识为人相当钦佩，并最终决定聘请她担任后妃们的老师。于是，当时的皇后阴氏，以及身为贵人的邓绥都成了班昭的学生。面对同样的老师，资质不同的学生获得的教益有时会呈现出天壤之别。阴皇后看来不是好学生，并没有领会班昭在《女诫》中揭示的柔顺与伸展之间的辩证关系。自幼好学的邓绥，则在班昭的点拨下举一反三，触类旁通，很快能把班昭教授的这套学识运用到处理后宫复杂关系的实践上，并为日后成功地听政打下良好的基础。有很多事例可以证明这一点。

阴皇后虽然也有才有貌，但长得并不高挑，和身材颀长的邓绥比起来，短了几分气势。古人说"腹有诗书气自华"，诚不为欺。更为完美的身材配上学识气质，使得邓绥马上吸引了汉和帝的注意力，导致阴皇后被冷落。然而邓绥却未因此而志得意满，反倒危机感很强，意识到这里面有太多复杂的问题有待进一步解决。于是她为自己确定的首要行动准则，出乎很多人的想象。她毫不计较阴皇后的嫉妒，反倒把维护阴氏的权威、地位作为第一要务。《资治通鉴》里有这么一段："每有宴会，诸姬竞自修饰，贵人独尚质素。其衣有与阴后同色者，即时解易。若并时进见，则不敢正坐离立，行则偻身自卑。帝每有所问，常逡巡后对，不敢先后言。阴后短小，举指时失仪，左右掩口而笑，贵人独怆然不乐，为之隐讳，若己之失。"邓绥不仅不愿意穿漂亮的衣服来吸引汉和帝的注意力，甚至谨慎到不敢和阴皇后穿同样颜色的衣服。有阴皇后在的场合，总是表现出谦逊、退让。阴皇后举止失仪的时候，其他贵人都掩口而笑，唯独邓绥替皇后感到担心。但这些都没有让阴皇后的嫉妒心降温。

有一次汉和帝病了，阴皇后放出话来，说是等汉和帝驾崩后，她第一件要做的事就是铲除邓氏家族。邓绥听到话风后，意欲饮药自尽，希望以死来化解这一矛盾，并保全她的家族。由于侍从的阻拦，邓绥自尽未遂，而第二天汉和帝的病居然奇迹般地好了，邓绥因此躲过一劫。持续的嫉妒心驱使阴皇后乞灵于巫术，试图通过巫术诅咒达到消灭邓绥的目的。这是非常危险的招数，在中国古代宫廷里是被严厉禁止的，因为巫术同样可以被用作对皇帝本人不利。阴皇后使用巫术一事被知情人告发。巫术不仅没有帮助阴皇后消灭对手，反而直接导致她自身被废。而在汉和帝决定废皇后的过程中，积极出面营救阴氏的，居然是邓绥。邓绥的气度再次让汉和帝满意。阴氏最终还是被废黜，汉和帝认为论才论德，没有人比邓绥更适合做皇后，于是邓绥成为汉和帝的第二任皇后。

礼让为国

谦退、自我裁抑，是班昭教授子弟、学生的重要课题，也是《女诫》的中心思想。阴皇后这门课程看来是不及格的，并最终导致了自身的悲剧。邓绥的行为充分说明，她是班昭班上的高才生。邓绥的谦退、自抑策略同样体现在对待娘家兄弟问题上。和其他皇后、皇太后家族"一人得道，鸡犬升天"的状况不同，邓氏兄弟并没有因为邓绥成为皇后而变得满门朱紫贵。终和帝之世，邓绥同母长兄邓骘的官职不过是个虎贲中郎将，秩比二千石的中级官员而已。和帝屡次想提拔邓骘兄弟，都被邓绥劝止。这不仅让邓绥在汉和帝眼中显得更为贤惠，也使得邓氏家族未因皇后废立而卷入残酷的政治斗争，风平浪静度过了好些年。和帝去世后，邓绥以太后身份临朝，也不是一下子把长兄提拔到关键岗位，而是直到她听政的第三年，才逐步把邓骘放到大将军即汉朝传统的首席辅政大臣的位置上去。这与很多太后乃至于皇后一得势就立即全力以赴地擢拔自己家族的男性成员，有很大区别。

邓绥临朝后，身为皇室女性，不便与外廷士大夫频繁接触，班昭就成为她宫廷政治顾问的最佳人选。班昭继续以学识和智慧帮助着这位得意门生。邓绥听政数年之后，母亲去世了。当时的大将军，也即邓绥的长兄邓骘请求解职守丧。这让邓绥处于两难境地。一方面，政治毕竟是件复杂的事情，不是真能单靠表面的道德文章全能摆平的，已经处在权力核心位置上的邓绥，害怕兄长解职后自己会失去强大的朝廷奥援。另一方面，若不允许兄长解职为母亲守丧，又是明显违背礼制的事，会招致舆论抨击。在此两难之际，还是班昭的一番言辞为邓绥拨云开雾，指点迷津，最终让邓绥做出了在他人看来是正确的选择。

班昭在上疏中引经据典，力劝太后借此向天下显示提倡"礼让为国"。她告诉邓绥，子女为母亲服丧是天下人都认可的基本准则，汉朝号称以孝治天下，此时若做出与基本伦理观念相违背的决定，必然导致舆论反感。权位越高，越要珍惜舆论基础。因为以人嫉妒、仇恨权势的一般心理来说，同样一个事件，舆论对于位高权重者的批评、抨击，相比对待普通人会成倍放大。一旦产生这样的舆情，便会对后局造成强大的不良影响，甚至造成难以逆转的被动局面。若善于为国，懂得利用"礼让"姿态，这恰恰是向全天下表现邓氏家族高风亮节的最佳机会。以此证明邓家谨守礼法，不贪恋权势。有如此良好的声誉，自然能巩固、加强统治基础，在邓家整体实力还在的时候，大将军邓骘稍微缺席一段时间，又何妨呢？邓后不愧是高才生，马上领会了这一思想的精髓，立即接受班昭建议，同意邓骘兄弟退居二线，却又合情合理地提出："其有大议，乃诣朝堂，与公卿参谋。"邓绥的这一决定，果然大受当时舆论和后世史家的称道。立足长远，不计较眼前，邓绥终成东汉历史上唯一一位有卓越政治贡献的皇太后，这是长期重视文化、学习带来的成果。

邓太后的历史贡献

接下来谈谈邓绥的政治贡献。汉和帝以前，东汉王朝的官僚制度存在着一些混乱，尤其是官吏的俸禄制度，官吏的品级与相应收入之间缺乏严格而明确的规定，对于官员收入的计算标准也存在多重化混乱。还有很多官吏通过私占"公田"来增加自己的收入，这些都为贪腐与暗箱操作留下很大空间。邓绥听政后，对帝国官制做了重要改革。改革重点是明确规定各级官吏的俸禄额度，无论中央的公卿大臣，还是地方各级牧民官吏，都在其职秩和禄俸之间建立明确的对应关系，任何官员都明白职称品秩应得钱谷多少，从此终止了东汉王朝建立八十年来官吏俸禄有多重计量尺度的混乱，有利于廉政。

司马光对邓绥的评价非常高，撰写《资治通鉴》时，司马光是用以下语言为邓绥盖棺定论的："太后自临朝以来，水旱十载，四夷外侵，盗贼内起。每闻民饥，或达旦不寐，躬自减彻，以救灾厄。故天下复平，岁还丰穰。"那段时期的东汉王朝，连遭水旱之灾，前后长达十年之久，因此造成大量饥寒、贫困人口的流动。面对这一状况，邓绥果断决策，把"公田"借给贫农，用以安置流民。在将大量精力、资源投入灾民救济之后，国家、社会也得到了回报，终使灾荒消退，农业收成回升，百姓安居乐业。此外，邓绥还在朝廷上调整权力配置，一反以往太后临朝必迅速扩展外戚势力的做法，反而注重抑制外戚跋扈，尤其注重整饬邓氏门风。邓氏子弟晚辈若有触犯法网者，必严惩不贷。故而邓绥执政期间，外戚宦官均不能为祸。在大政方针上，邓绥主张重文轻武，减少战争以省赋役，使得国家相对稳定，百姓赋税负担大大减轻。她采纳班超之子班勇的进谏，通西域，抗匈奴，安定并州、凉州，使西线多年无战事。当西边的羌族发生暴动，给东汉王朝带来困扰时，邓绥采纳了虞诩等人的建议，以赦免战俘、安抚和谈的办法来化解危机，使羌人暴动得以平息。总之，邓绥对东汉王朝的治理，的确非常有成就，东汉国家经济在严重的自然灾害之下获得复苏，社会渐渐安定。

所以，有史学家认为，东汉的女主专权中，邓绥的统治不仅历时最长久（前后称制16年，即106—121年），也是最成功的。她的成功，不仅体现在治国成就上，也体现在她是东汉时期唯一能够终身掌控政权的皇太后。前文已经介绍过，东汉共有六位临朝称制的皇太后，除邓绥外的其他几位，或是在世时即遭逼宫返政，或是被杀。邓绥的成功，无疑和她自幼喜欢读书并长期注重文化有关。知识能提升人的高度，能开阔人的眼界，也能提高人的能力。注重汲取知识的人，一般来说对外部世界的容纳度更高，也更有能力在长远利益和短暂收益之间做出正确抉择。

除了邓绥自身在知识上的优势外，班昭无疑也在其间扮演了重要角色。《后汉书》说："及邓太后临朝，与闻政事。"也就是说，班昭是邓太后非常重要的政治顾问。因为同是女性的关系，班昭出入宫禁，在皇太后身边参赞政务，比一般官员来得便利。东汉中期的这段治世，无疑是这两位知识女性共同努力的成果，文化的力量可于其中见其一斑。

暮夜却金：慎独

杨震拒金

东汉有位学者名叫杨震，学问非常好，而且非常有志气，家里很贫穷，却一心向学，笃志不移。他因此赢得了崇高的声望，被当时人誉为"关西孔子"，因为杨震的故乡华阴县属于当时的关西地区。杨震因一心向学，耽误了做官，出仕得非常晚，五十岁才开始步入仕途。由于品行和名望，他迁升还算顺利，历任过荆州（今湖北、湖南一带）刺史、东莱（属今山东）太守等地方要职。

前去东莱赴任的途中，杨震经过昌邑县（今山东巨野一带），县令王密恰巧是他之前在荆州刺史任上提拔荐举过的故旧。王密自然要趁这个机会前去拜谒恩公。在杨震下榻处坐至日暮，王密忽然拿出十斤黄金，要赠送给杨震，以回报杨震的知遇之恩。杨震说："我举荐你，是因为我了解你，你怎么一点儿都不了解我呢？"言下之意是说，我举荐你难道是为了贪图你的回报吗？王密对杨震的品行自然是了解的，但他却对杨震说："现在天已经黑了，此间也无外人，您就收下这些吧，不会有人知道的。"杨震回答道："天知地知，你知我知，怎么能说无人知晓呢？"于是王密羞愧地退了出来。这就是"杨震拒金"的故事。王密后来的行为也很有意思，他受了杨震的教育，并非仅仅止于惭愧，而是将这十斤黄金拿出来建造了"四知堂"，以杨震所说的"天知、地知、我知、子知"来警醒自己和世人，不要因为侥幸人不知而去触犯道德、法纪。

中国传统修身理念中有一个非常著名的词汇：慎独。"杨震拒金"就是一则体现君子慎独的典型事例。什么是"慎独"？《礼记》中的《大学》《中庸》两篇都阐述过这个概念。经过宋代学者朱熹及其后学的诠释，"慎独"的含义非常丰富，也可以被解释得很复杂。如果从切合现代人生活、工作的角度对其进行取舍，可能有两个层面的含义是非常关键的。其一，君子独处之际，即便他人无法听到、看到你的言行，也应恪守道德、法纪的准则。故而南宋学者真德秀解释"慎独"之"独"字说："独者，人之所不睹不闻也。"其二，君子应该在他不闻不睹（或因未知，或因没有显性约束力）之时保持戒惧谨慎，恪守规范，不妄言躁行。"慎独"的这两层含义，都值得处于现代文明中的人，结合自身在生活、工作中的行为操守，认真思考，细细品味。

我们可以将古人常说的"道"解释为一套价值理念、行为规范。在古人看来，若想成为一名所有行为都合乎伦常规范的君子，就应该让"道"成为自身的一部分，而不仅仅是把它视作外在规范。俗语常说"君子不欺暗室"，这句话正可以作为"慎独"的简易解释。一个正常人不会在光天化日之下、繁华闹市之中作奸犯科，因为他知道被那么多双眼睛盯着，所有不恰当的行为都会得到及时的惩罚。但同样的人，同样的事，换一个环境，情况就可能大不相同。当一个人处于没有任何监控的环境（暗室）中，面对巨大的利益诱惑，他是否还能像在大庭广众之下那么安分守己？能，还是不能，正是区分一个人是否真正具备品德的分界线。

如王密所描述，杨震当时所处的空间，也可以被视作一个暗室。除他们两人外，没有人会知道在这个屋子里发生了什么。何况王密呈上的黄金含有报恩的成分，还不能算是纯粹的行贿。即便如此，杨震还是毫不犹豫地拒绝了这笔黄金。杨震这么做并不是因为有谁监视着他，而是出于道德的坚守。他所说的天知地知、我知你知，无非是为了告诉王密，当一件不道德的事情发生了，不能因为没被人发现而视它为不存在。想做一名人格健全的人，就必须要面对自己的内心，纵能欺人，焉能自欺？

我们把角度切回生活中常见的，几乎每个人都会碰到的场景。根据生活经验，开车的朋友多半怕摄像头，摄像头可以记录下驾驶违章和道路不文明现象。那么问题来了，假设这名司机无时无刻不严格遵守交规驾驶，把驾驶文明作为一种人格精神，那么他还需要怕摄像头吗？所以把多数驾驶员怕摄像头这个现象反过来理解，其实说明在当下中国，很多人还不愿意自觉遵守交规，尚未意识到要把文明驾驶内化成自身素质。

即便没有红绿灯，也应在人行道前礼让行人。即便没有摄像头，看到红灯也应停下来。在没有显性交通监控的约束下，也能做到驾驶文明，不也是一种"慎独"吗？如果一个人，在遵守交通规则这件事上做不到"慎独"，做不到把遵守规则作为一种品德来坚守，那么这样的人在其他更大的诱惑面前，也难以坚守道德，坚守做人的底线。所以《中庸》说："道也者，不可须臾离也。"朱熹解释说，因为"道"就在日常生活之中，故而不可须臾相离。作为现代人，我们不妨把古人所说的"道"理解为对文明规则的遵守，那么对于这套规则的"慎独"态度，就不仅仅是身居高位的官员的事，也是我们每个普通公民的事了。

杨震的教育理念

关于"杨震拒金"，一般讲到王密惭愧地退出，故事就可以结束了。《资治通鉴》却并未就此打住，继续说杨震这个人"性公廉，子孙常蔬食、步行。故旧或欲令为开产业，震不肯，曰：'使后世称为清白吏子孙，以此遗之，不亦厚乎！'"杨震因品性廉洁，虽身居要职却家境贫困，子孙平时以蔬食为主，出门甚至没有车，只能靠步行。很多部下故旧都看不下去，劝杨震多积蓄些家财，以留传子孙。杨震却说，与其留财产，不如留给他们一个清白名声，让后人都知道他们是清白廉吏的子孙，那不是更好吗？在杨震的齐家理念中，把"清白"看得比什么都重要。一个家族的传承，不在于有多少财富，而在于"清白"二字。若子孙不肖，家财万贯反而成为他们放纵、违法的资本。注重教育，家世清白，不怕子孙出不了头。这个传家理念非常值得我们学习。

杨震的高祖名字叫杨敞，西汉昭帝的时代做过丞相，而且是司马迁的女婿。所以这个家族还算有点儿来头。杨震的父亲名字叫杨宝，也是有学问、有品行的一个人。为了躲避王莽的征召，杨宝始终隐居乡里，不肯出仕。"清白"这个词，可以说是杨氏传家最大的特点。野史曾记载过一个和杨震父亲杨宝有关的传奇故事。杨宝九岁的时候，曾遇到过一只遭猛鹰搏击而坠于树下的黄雀。黄雀掉到树下后，又被蝼蚁所困。杨宝觉得它很可怜，就把它救回来了。在家里养了百余日，黄雀的羽毛又重新长好了，就飞走了。黄雀飞走的当晚，杨宝见到一位黄衣童子，向他拜了两拜，对他说："我是西王母的使者，非常感谢你对我的救助。"然后拿出四枚白环，送给杨宝，并对他说："令君子孙洁白，位登三事，当如此环矣。"这个故事就是讲报恩。黄雀原来是西王母使者黄衣童子的化身，被杨宝搭救之后报恩，允诺帮助杨宝的子孙"位登三事"，也就是能够做到三公这个级别的高官。而且黄衣童子赠予杨宝的白环，不多不少，正好四个，这与杨震以后四代人都位登三公相吻合。这当然只是后人编出来的一个传奇故事，不能当真。但这里也能体现出后人对于杨氏家族门风的一个评价。其中的关键词句，就是借黄衣童子之口所说的"子孙洁白"这几个字。这里"洁白"，和杨震自己所说的"清白"是一回事。后人之所以编这样的故事，说明杨家世代清白的确是公认的。

　　那么杨震不选择财富积累，选择积累"清白"，对家族命运又有何影响？事实证明，不重视财富积累的杨震，不仅没让他的子孙冻馁饥寒，反而创造了一个延绵将近五个世纪的家族神话。杨震留给子孙的不仅仅是清白，还有他的学识和胸怀。杨震的好学、廉洁给子孙留下了榜样。言传身教，家风所及，杨震的儿子杨秉、孙子杨赐、曾孙杨彪，都成为东汉一代卓有成就的人物，父子、祖孙相继先后担任过朝廷的"三公"职位。东汉的"三公"通常指太尉、司徒、司空，是官僚系统中最具荣誉和权威性的职位，而以太尉居首。杨震、杨秉、杨赐、杨彪四代人都做过太尉。

　　东汉灭亡后，经历魏晋两朝，杨氏家族仍在政坛上发挥着重大的作用。杨震故乡华阴县，在东汉时属于弘农郡，故称弘农杨氏。直至隋文帝杨坚开创隋朝，仍冒认弘农杨氏，以杨震后人自居为荣。杨氏家族的影响力可见一斑。历经几个世纪，承受了若干个王朝的考验。这样伟大的家族声誉，难道不正是基于杨震开创的轻货利、重德行的家风吗？人们总是容易被眼前的东西蒙蔽，而最能蒙蔽人眼的，莫过于以物质形式体现出来的财富。一部《资治通鉴》二百九十四卷，叙述了近一千四百年中国史，其中有多少家族仅仅因为成功地积累了大量财富，而能世代延绵、持续保持历史影响力的？一个都没有。相反，因贪婪物欲而加速败亡的家族，触目皆是。其他国家的历史，恐怕也大体类似。

当人们都在追逐一样东西的时候，你能保持冷静，看透其本质，也是一种高境界的"慎独"。杨震对财富积累与名誉积累孰轻孰重的观点，体现了一位远见卓识者面对浮躁社会风气的"慎独"。人的时间、精力、智慧总是有限，若人们过于注重对财富本身的追求，往往会失去很多在其他领域获得更大成就的机会。杨氏家族注重文化传承，坚守德行，不追逐财富货利，才是能立足长久的奥秘。当一个个唯财富是重的家族纷纷倒下的时候，弘农杨氏，依然门庭鼎盛。

杨震的后人

杨秉是杨震的次子，在为官廉洁、立身正直这点上，颇似杨震。《资治通鉴》称杨秉为人"清白寡欲"。《后汉书·杨秉传》用的是"淳白"这个词。司马光在《资治通鉴》里把它改作"清白"，意思相近，但更能和杨震所说的"清白传家"相呼应，应该说改得非常好。

如何体现杨秉这个人的清白廉洁呢？杨秉也碰到过和他父亲一样的事情，受过他提拔、恩惠的门生故吏，凑了一百万钱财给他送去，杨秉一概不接受。更绝的是，史书上称他"计日受奉，余禄不入私门"。汉代的官员俸禄一般都是按年俸计算。杨秉在官位上，却是干一天活儿，拿一天工资，没干活儿的那些天就不拿工资，廉洁到这种程度，不占国家一分钱便宜。

和今天的人一样，古代很多名士达宦也喜欢喝酒。杨秉平时却不沾酒。他的夫人去世得早，后来也就没有续娶。所以杨秉自己说："我有三不惑：酒、色、财也。"不惑于酒，不惑于色，不惑于财。古人所谓无欲则刚，杨秉能做到这些，世界上也就没有什么能令他困惑的事了，也很少会有难倒他的事。

史家用"震畏四知，秉去三惑"形容杨氏父子二人的品行。东汉后期的名士孔融也说："杨公四世清德，海内所瞻。"这里的"杨公"指的是杨震的曾孙杨彪，他和孔融都是辅佐汉献帝的名臣，算是同事。孔融作为孔子的后裔，又是当时的士林领袖，从他嘴里说出这番话，当然是有分量的。

"二十四史"中讲述东汉历史的《后汉书》，共有人物传记八十卷。绝大多数传记都是若干个不同姓氏的人物合为一卷，很少有一个家族父子、祖孙单享一卷的。有几个开国功臣和外戚家族享受了这个待遇，除此之外，大概只有杨震这一家子，一卷书只讲杨震一家。其中主干部分就是讲杨震、杨秉、杨赐、杨彪四代人。这样一种荣誉，岂是家财累万换得来的？有多少家财万贯，当时人眼里的成功人物，被湮没在历史的长河中，不再为后来人所提起。

在东汉时期，能做到"四世三公"、历代宰相的，并不止杨氏一家。还有一个袁氏家族也做到了这一点。最初是在汉明帝的时候，有一位叫袁安的官员，处理楚王刘英的谋反案，有德政，救活了很多人。从他以下，四代人也都能做到三公，也就是俗称的宰相。东汉末年著名的大军阀袁绍、袁术兄弟俩，就是袁安的后代。同样的成就，袁氏家族的声望却不如杨氏高，袁安在《后汉书》里没有享受独占一传的荣誉。袁绍、袁术兄弟看上去轰轰烈烈，但在他们失败之后，袁氏家族也就无闻了，不像弘农杨氏那样，威名垂及隋唐。这是为什么呢？史学家如此总结："东京杨氏、袁氏，累世宰相，为汉名族。然袁氏车马衣服极为奢僭；能守家风，为世所贵，不及杨氏也。"关键还是在家教家风。

正色立朝

那杨氏一家，除了清白廉洁之外，还有什么值得称道的呢？事实上，杨氏祖孙，除了清白廉洁之外，也是秉忠为国、正色立朝的典型，是当时的公议领袖。

比如，邓太后去世，汉安帝亲政以后，很多小人势力开始抬头。汉安帝的乳母以及乳母的女儿，倚仗着与汉安帝之间的私人关系，贿赂公行，巧取豪夺。杨震写了非常严厉的奏章，批评汉安帝及其身边的人，要求整顿这一现象。后来皇帝的舅舅亲自出面，要求杨震提拔几个皇帝宠信的人，杨震毫不给面子，据理予以回绝。就这一样，杨震就得罪了很多贵戚，以及皇帝身边得宠的人。

后来皇帝身边的几个宠臣，假托皇帝的名义伪造诏书，盗取国库财富为自己营造宅第。杨震搜集了证据，准备弹劾他们。结果这事被奸人先知道了，恶人先告状，在皇帝面前诬告杨震心怀怨望，对皇帝不满。于是杨震被罢了官。这时候，之前请托杨震办事没办成的皇帝的那位舅舅也出面了，落井下石，在皇帝面前诋毁杨震。皇帝下诏，将杨震发遣回他老家，也就是弘农郡华阴县。杨震往西走到几阳亭这个地方，依然辞气慷慨地对几个儿子以及门生们说道："死者，士之常分。吾蒙恩居上司，疾奸臣狡猾而不能诛，恶嬖女倾乱而不能禁，何面目复见日月！"这时候，杨震并不以个人得失为意，而是仍旧心系国家，认为自己身为公辅大臣，未能为国家锄奸去恶，愧对自己的职位，也愧对天地日月。说完这番话后，杨震就饮毒自杀了。

杨震死后，地方官秉承权宠旨意，不让杨震归葬乡里，棺木就曝露在大路边上。来往百姓看了都流泪。杨震的冤案到汉顺帝即位以后才得到平反。在杨震正式安葬之前，有一只高达丈余的大鸟，飞到杨震的棺木前，"俯仰悲鸣，泪下沾地"。这个故事带有一定的神话色彩，但从一个角度反映出舆论、百姓心里对杨震的认可与爱戴。

杨震的儿子杨秉为官的时候，正值汉桓帝时代宦官势力上升期。大宦官侯览的弟弟侯参在益州（今天四川一带）做刺史，为政暴虐，贪赃枉法。杨秉不畏宦官势力，弹劾侯参，并下令将他放在囚车里送到洛阳审问。侯参在路上畏罪自杀了。杨秉敢于收拾权倾中外的宦官势力，其为人之正直、办事之胆量，可见一斑。

　　杨秉的儿子杨赐，也跟他祖父、父亲一样，是一位秉性耿直的大臣。杨赐为官的时候，是汉灵帝时代，东汉的统治阶层越来越腐败，整个社会风气江河日下。有一次汉灵帝找杨赐问话，在去见汉灵帝之前，杨赐就说道："吾每读《张禹传》，未尝不愤恚叹息。既不能竭忠尽情，极言其要，而反留意少子，乞还女婿。朱游欲得尚方斩马剑以理之，固其宜也。吾以微薄之学，充先师之末，累世见宠，无以报国。猥当大问，死而后已。"

　　杨赐的这段话里牵涉到一个典故。西汉成帝时代有位官员叫张禹，是汉成帝的老师，也做过宰相。张禹病重的时候，汉成帝去探望他，问他有什么要交代的。张禹说了两件事：一是小儿子还没当上官；二是女儿嫁得太远，因为女婿在张掖（今甘肃张掖）当太守。后来汉成帝帮他把这两个问题都解决了，小儿子封了官，女婿也调到较近的地方当官。当时另一名叫朱云（字游，引文中的朱游即朱云）的官员，为此十分气愤。汉成帝时代，外戚掌权跋扈，政坛乌烟瘴气。张禹身为帝师、宰相，在病床上没有一句忠言，没有任何匡正国家的话，却以子女为托。这样的大臣算什么大臣？朱云说，要请一柄尚方宝剑，斩了张禹，以儆效尤。

　　杨赐说，每次读到这段历史的时候，他都觉得朱云的态度是对的。张禹在关键时刻不为国家尽忠，只考虑家族利益，愧对帝师的身份，愧对宰相的职位。这样的人，不配被尊称为儒学重臣。接着杨赐说到他自己。他在身份上和张禹有相似之处，杨赐也曾教汉灵帝习读经书，也是帝师。他也曾做过三公，相当于宰相。但杨赐说，他不能像张禹那样尸位素餐，而是要在关键时刻为国家尽忠，死而后已。所以之后他在为汉灵帝做顾问的时候，毫不客气地对当时政坛的腐败现象予以抨击，并对皇帝本人严厉批评，惹得汉灵帝大怒。幸亏杨家德望很高，杨赐才幸免于难。

杨氏一家几代人的为官经历，充分体现了杨震所造就的清白、正直的家风。这个家族能拥有数百年的生命力，也正是世道人心对于清白、正直的回馈。

跋扈将军：物极必反

"跋扈将军"的由来

东汉后期有位辅政大臣名叫梁冀，此人有个外号叫"跋扈将军"。由于他骄横残暴，平时倚仗权势，做事毫无忌惮，在一次朝会上，当时的小皇帝汉质帝看着他说："此跋扈将军也！""跋扈将军"的名号就是这么来的。因为汉质帝说了这么一句，梁冀后来就派人做了含有鸩毒的饼给他吃，把小皇帝给毒死了。可见这个人有多跋扈。

这个人什么来头，敢这么干？我们先从他的家世说起。梁冀和我们之前几讲里介绍过的贵戚梁松是同一个家族的。梁冀的曾祖父梁竦，就是梁松的弟弟。再往上，梁松和梁竦的父亲梁统，是光武帝时代的开国功臣。因为是功勋贵族，梁家始终和皇室保持着紧密的联系。梁竦的一个女儿是汉和帝的生母，后来被追谥为恭怀皇后，从辈分上说，是梁冀的祖姑奶奶。后来梁冀的妹妹梁妠又被立为汉顺帝的皇后。

梁冀就出生在这样一个家族里，按照流行的看法，可以称得上是"赢在起跑线上"了。身份优势往往能在竞争中获得便利条件，但无数历史故事告诉我们，这种形式的"赢在起跑线上"，未必能冲刺到最后。他们梁家的祖辈就有这样的教训。比如梁松，我们以前介绍过他，也是赢在起跑线上的，娶了光武帝的女儿，但个性骄横，不自检点，最终还是死在监狱里。

现在有很多家长，也受各种广告影响，希望孩子能"赢在起跑线上"。因为都是普通孩子，所以只能要求他们在智力、成绩方面"赢在起跑线上"。于是我们看到，很多奶粉广告就以能开发幼儿智力作为噱头，贩卖课外补习教程的机构也大行其道。我所了解的，很多社会上的补习班，其实都只是"生意经"，利用家长们的焦虑心态，想方设法从孩子身上挣钱，对提高孩子的能力，增加孩子的发展潜力，并无实质益处。很多真正懂教育的人，对这种现象痛心疾首，却无能为力。我也只能借这个机会提醒一下各位家长。而且我要对当下社会中一部分家长提出批评。我认为"这一届"家长们普遍都很懒，部分家长没有好好研究过教育到底是怎么回事，简单地认为教育就是学校的事，也不愿意下功夫履行自己作为家长的教育责任，直接把孩子往补习班一送，以为提高下成绩、培养点课外小兴趣就行了。这种教育理念是非常有害的，不出问题则已，一旦出问题，就可能会是修复不了的大问题。

孩子的人生有没有起跑线？当然，我们可以认为是有的。

但这条起跑线既不是家世，也不是成绩，而是品性。梁冀这么好的出身，看上去在起跑线上占尽优势，嚣张的时候对皇帝都敢下手。但他最终和他家族的前辈梁松一样，也没有顺利完成人生冲刺。不仅个人下场极其悲惨，还连累到整个家族。这是为什么呢？就是因为他所倚仗的那条起跑线，只是一个假象，并非真正的起跑线。我们这一讲，就试图以梁冀的案例告诉大家，人生真正的起跑线在哪里。

父子异趣

综观梁氏家族成员的表现，"发挥"很不稳定，时而出个好人，时而出个坏人。家族成员的品性不能一概而论。梁冀的父亲梁商，整体上来说，不能算是太糟糕的人。我们看《后汉书》中梁商的传记，会发现这是一个挺懂得自我谦抑的君子。

比如《后汉书·梁商传》里面就提到，当梁商的女儿被立为皇后，他自己被任命为大将军的时候，梁商首先是辞让，不敢接受。后来在皇帝的坚持下，梁商不得已接受了大将军的职位之后，又表现得"每存谦柔，虚己进贤"，举荐过一批有才能、有声誉的官员。每当遇到年成不好、有饥馑的时候，梁商都会把自己的米谷拉到城门口，发放给受灾百姓，却不说这是自己掏的腰包，而归功于国家。对自己家族里的人，他管得也比较严，没有凭借自己的权势干预正常的司法程序。这都是梁商为人的优点，故而在当时梁商的口碑是非常不错的，史称："京师翕然，称为良辅，帝委重焉。"

　　但这些能代表梁商优点的事件，《资治通鉴》基本上都没采用，也没有赞扬梁商是一位"良辅"。《资治通鉴》实际上只重点讲了梁商两件事，一是这个人性格优柔，虽然身居高位，但对不正确的人和事却不能裁正。二是梁商临终前关于薄葬的遗言。提倡薄葬是《资治通鉴》一贯的主张，梁商只不过是多一个例子，没什么特别的。那么剩下的那件事，也就是点出梁商性格优柔，是《资治通鉴》关注这个人历史人物的重点所在。

　　《后汉书·李固传》里说梁商"柔和自守，不能有所整裁"，这句话被《资治通鉴》引用了。性格优柔的表现是什么？《后汉书·梁商传》又说他："性慎弱无威断，颇溺于内竖。""内竖"指的是宦官。梁商为了跟宫里搞好关系，刻意地去讨好皇帝身边的宦官，结果是反而遭到部分宦官的陷害。因为这些宦官嫉妒梁商的权位和他所受到的宠信。讨好宦官这件事，就体现出梁商性格上不够自强，也不够威重。这个故事被司马光写进《资治通鉴》了。

　　对于一些历史人物，《资治通鉴》只讲缺点不讲优点，梁商并不是唯一的一个。《资治通鉴》为什么特别注重梁商优柔的缺点？我认为，这要和梁商教育儿子的效果结合在一起考虑。梁冀德行不立，最终导致梁氏灭门，这跟梁商在教育他的过程中下不去狠手有关系。

　　当时的洛阳令名字叫吕放，跟梁商走得比较亲近。洛阳令负责京畿地区治安，对社会上的一些情况比较了解，对梁冀在外面骄横不法的事也掌握得比较多。有一次吕放就跟梁商说，他这个儿子有很多问题，得好好管教管教。后来梁商就因此批评梁冀了。结果梁冀知道是吕放告的状之后，就派刺客把吕放给刺杀了。杀人之后，为了蒙蔽他父亲，就抛出吕放乃是被宿怨所杀的说法，又推荐吕放的弟弟吕禹继续担任洛阳令。从这件事上就可以看出梁冀这个人有多阴狠。

那梁商对梁冀的所作所为会一无所知吗？我看未必。关键还是他性格优柔无断，投鼠忌器，所以也没有好的方法教育儿子，只能任其胡作非为。梁商死了以后，梁冀代替他父亲做了大将军。父亲在世的时候，他就敢当街刺杀洛阳令吕放，等他自己做了大将军，把持朝政之后，当然更是无法无天了。

"跋扈将军"的膨胀

梁冀毒死了称他为"跋扈将军"的小皇帝之后，又操纵了迎立下一个皇帝的过程。最终确立吾蠡侯刘志为帝，也就是历史上的汉桓帝。汉桓帝即位后，为表示对梁冀的感谢，准备制订一套特殊的礼节待遇，让梁冀享受。官员们七嘴八舌地开始讨论。梁冀的党羽很多，加之由皇帝主导，最后讨论下来，要把汉代历史最著名的几位辅政大臣享受过的礼遇加在梁冀一个人身上。这些历史上的名臣包括西汉的萧何、霍光以及东汉的邓禹。萧何是西汉的开国功臣，因此享有"入朝不趋，剑履上殿，谒赞不名"的礼遇。"趋"是急步而行。上朝的时候走趋步，是表示臣子的恭敬。萧何上朝的时候，不仅不用趋步而行，还可以佩着剑、穿着鞋，谒见皇帝的时候赞礼官只称呼他的官职不唱他的姓名。霍光是西汉中兴的奠基人，邓禹是东汉的开国功臣，因此都享有很丰厚的财富、食邑回报，以及崇高的礼节待遇。当时的议礼官说，要把萧何、霍光、邓禹享受过的待遇，加在梁冀一个人身上。

这事要让一般的大臣摊上，无论自己曾为国家、为皇帝做过多少事，也得三思，想想自己何德何能受得起这么高的礼遇。但梁冀真不是一般人，他看到这个建议之后的反应，居然是"犹以所奏礼薄，意不悦"。他居然还嫌把萧何、霍光、邓禹加一起的礼遇太薄了，不高兴。

此外，地方上的一些特贡品，梁冀总是把最好的那部分拿走，次一等的留给皇帝。这些事都体现出梁冀在对待皇帝、对待朝廷上，无比傲慢。

梁冀对上傲慢，对待同僚们又如何呢？当时有位官员叫吴树，被任命为宛令，上任之前去向梁冀辞别。梁冀就对吴树说，宛这个地方有很多他的老朋友，要吴树多照顾照顾。吴树就对他说："明将军处上将之位，宜崇贤善以补朝阙。自侍坐以来，未闻称一长者，而多托非人，诚非敢闻。"意思是说，梁冀是国家重臣，应该多多引荐贤达良善之士以匡补朝政。但自从自己到府上来了以后，没听到梁冀称赞任何一个贤人长者，反而把关系户一个个罗列出来要他关照，这样不太好。梁冀听了当然很不高兴。

吴树到了宛这个地方后，执法严明，只要触犯法令，不管你靠山是谁，一律法办。这样累积下来，共诛杀了梁冀门客数十人。这就把梁冀重重得罪了。后来吴树调任荆州刺史，赴任前又去向梁冀辞别。梁冀摆酒席招待，在酒里下了鸩毒。吴树出门以后就死在车上。

吴树很正直，也很守礼。所以即便得罪了梁冀，赴任前也还是去向身为辅政大臣的梁冀道别，最后被梁冀毒害。还有一些官员，讨厌梁冀，干脆就不去拜访梁冀。有位叫侯猛的官员，被任命为辽东太守，赴任之前就没去向梁冀辞行。梁冀同样怀恨在心，觉得侯猛怠慢他。后来梁冀就找了个理由，把侯猛腰斩了。这位"跋扈将军"，对待同僚是何等残酷！

梁冀不把朝廷放在眼里，不把同僚放在眼里，那对待平民百姓的态度就可想而知了。为满足私欲，梁冀劫掠了数千名良民为奴婢，对外宣称是"自卖人"，意思他们自愿卖身给梁府的。梁冀还圈了一块广阔近千里的土地，作为自己的林苑。这还不够，还专门围了一个数十里地的"菟苑"，在里面养兔子，并在每只兔子的皮毛上染上色，作为标志。有个西域来的胡商，不明就里，误杀了"菟苑"里的一只兔子。结果这件事牵连十余人，悉数被梁家处死。不仅如此，梁冀对自己的弟弟都不假颜色。他两个弟弟曾私自派人去梁冀的林苑里打猎，被梁冀知道后，处死了他弟弟手下三十余人。这又是何等暴虐的一位"跋扈将军"！

对于这样的一位权贵，生活上的奢靡腐化，也就不难想象了。生活上，梁冀不仅自己很奢靡很腐化，他还有位太太，跟他竞赛着奢靡腐化。梁冀的太太名叫孙寿，有几分姿色，史书上说她善为妖媚之态。梁冀天不怕地不怕，就怕这个太太，所谓一物降一物。梁冀大兴土木，为自己造宅第。他太太在对街也开始大造宅第，殚极土木，相互夸耀，比谁更奢侈。历史上穷奢极侈，相互炫耀、斗富的贪腐权贵有不少，但一般斗富也是跟别人斗，像这样夫妻之间相互斗富、攀比奢侈的，还真不多见。

《老子》里有句名言："强梁者不得其死。"对上如此傲慢，对同僚如此残酷，对百姓如此暴虐，生活又如此奢靡腐化的权贵，迟早有一天会被收拾的。收拾他们的未必是好人，但天道循环，报应不爽。兢兢业业者未必都能有善终，但无敬畏、无顾忌者，一定不会有善终。

"跋扈将军"的终点

梁冀把持朝政二十多年，"威行内外，百僚侧目，莫敢违命，天子恭己而不得有所亲豫"。什么事都是梁冀说了算，皇帝反而没有发声的机会。对于这样的状态，汉桓帝当然不可能满意。梁冀当权期间，也有不少富有正义感的官员、学者对他进行抨击、弹劾，但都未能有效地撼动梁冀的地位。然而"水满则溢，月盈则亏"乃自然之理。史书上就是用"穷极满盛"四个字来形容梁冀当时的状态。没有人能够永远这样强悍下去，尤其是这种不讲理的强悍。

后来有一位掌管天文星象的官员，名叫陈授，利用灾异、日食的机会，通过宦官向汉桓帝进言，认为导致这些天变的罪魁祸首是梁冀。汉朝人相信天变和人事之间有对应关系，发生天变或自然灾害，一定是人间秩序哪一部分出错了。陈授的官职是太史令，太史令的一个重要职责就是观察、解释天象、灾变。梁冀知道这件事之后，就暗地指使当时的洛阳令收捕了陈授，严刑拷掠，导致陈授死在监狱里。这件事发生后，汉桓帝对梁冀的态度从不平转变成愤怒。梁冀的人生也逐渐向终点站靠近了。

一开始汉桓帝隐忍不发，还有一个重要原因，就是他的皇后也是梁冀的妹妹。延熹二年（公元159年），汉桓帝的这位梁皇后去世了，汉桓帝开始密谋剪除梁冀。因为梁冀的势力布满朝野，到处是他的耳目，汉桓帝也不敢造次。一次趁着上厕所的机会，叫来了自己的心腹宦官唐衡，问他知道哪些人与梁冀关系不好。唐衡就举出了四个人的名字，因为各种原因和梁冀兄弟处得不好。汉桓帝就把这几个人都叫来，加上唐衡一共五个人，全都是宦官。汉桓帝问他们，愿不愿意一起努力，剿灭梁冀？这几个人都回答说好。于是汉桓帝和这几个宦官一起盟誓，同心合力剿灭梁冀。怎么个盟法呢？其中有个宦官叫单超，汉桓帝抓住他的臂膀，把他咬出血来，用这个血赌咒发誓。一般主盟者都是咬自己，汉桓帝挺有意思，舍不得咬自己就咬别人，算是单超倒霉。

梁冀也开始怀疑汉桓帝可能对他不利，派了个自己信任的宦官到宫省里去值班，以防不测。梁冀派去的这个宦官叫张

恽。汉桓帝这边的人也非常警觉。另有一个叫具瑗的宦官，也
是和汉桓帝订盟，参与剿灭梁冀计划的五宦官之一，发现这个
张恽不该他值班的时候来了，立马就带人把张恽抓了，并且给
他安了个图谋不轨的罪名。汉桓帝就趁这个机会，把宫省中
所有的符节都收缴了，并且命人操持兵器守住宫内办公的地
方，又命人率领军队围住了梁冀的府邸，意欲收缴梁冀的大将
军印。

梁冀不知道事情会来得这么快，毫无准备，和他那位太太
一起，当天都自杀了。接下来，梁冀的儿子，几位占据要津的
叔叔，还有梁氏家族、他太太孙氏家族中的重要人物，全被收
拿，"无长少皆弃市"，也就是不论老少，全被执行了死刑。
之后被清理掉的朝廷官员，多达数百人，"朝廷为空"，可见
梁冀在世的时候势力有多大。

汉桓帝剿灭梁冀的时候，是和宦官密谋，外间不知道。整
个过程中"官府市里鼎沸，数日乃定"。不仅普通百姓不知道
发生了什么事情，连公卿大臣都不知道怎么了。最后大家知道
是诛灭梁冀，"百姓莫不称庆"。一个人做人成不成功，就看
死了以后别人什么反应。如果一个人死了，别人听到消息后还
觉得挺高兴的，那真是够失败的。

梁冀被灭之后，抄家抄出了巨额财产。汉桓帝因此减免了
百姓们当年租税的一半。大家想想，梁冀要是早知今日，又何
必当初呢。虽然这些钱都是贪贿而得，但能贪贿也得下点功夫
才行啊。辛辛苦苦，下那么大功夫，还背负了这么大的骂名，

到最后全不是自己的，何苦来哉！我们之前向大家介绍过名臣杨震和他的齐家理念。杨震认为家族传承不靠财富，不靠官位，而是靠品行、靠文化。别人劝他增值家产，他拒绝，要留一个"清白"的名声给子孙，那才是最大的财富。所以弘农杨氏，四世三公，流芳百世。反观梁冀，不仅一生辛勤化为乌有，也成为历史上名声最差的人物之一。谁智慧，谁愚蠢，不是一望而知吗？但人往往都是只看重眼前，不顾及将来，看历史故事的时候头脑很清醒，一旦轮到自己去做了，都是学梁冀的多，学杨震的少。

话题回到开篇提出的人生起跑线问题上。梁冀在人生起跑线上，优势够厉害了，但起跑线上的优势就是一切吗？最终我们要看的，还是人生的终点在哪里。在起跑线上占尽一切便宜却落得和梁冀一样的人生终点，是人们想要的吗？是人们希望自己的孩子拥有的吗？肯定不是。如何避免这样的情形呢？那就需要我们认清人生跑道上，真正关键的助力是什么，是文化，是品性，而不是金钱，不是权势。

从教育的角度来说，与孩子的发展后劲、未来境遇最密切相关的，是品性。如果我们的教育不注重品性，希望就只能寄托在孩子自己身上，一旦孩子自身定力不足，那后果就很有可能不堪设想。所以即便是梁商这样自身品行还不错的人物，因为缺乏对孩子这方面的教育，最终也酿成了家族悲剧。《后汉书》的作者范晔批评梁商说："倾侧孽臣，传宠凶嗣，以至破家伤国，而岂徒然哉！"